중국인의 돈 버는 상술

김정운 편저

머리말

1990년대에 들어서면서 세계는 일본 경제의 공세에 휘말렸다. 하지만 일본 경제의 위협보다 더욱 중요한 것은 중국이 눈에 띄게 부상하고 있다는 것이다. 인류 역사상 최대의 잠재적인 소비력을 가지고 있는 거대한 중국 대륙이 일찍이 나폴레옹이 예언한 대로 '잠에서 깨어난 사자'가 된 것이다.

우리가 중국을 경제 대상국으로 삼게 된 것은 1990년대에 들어서부터이다. 그만큼 연륜이 짧다. 그래도 폭발적이라고 할 만큼 중국 수요는 날로 늘어나고 있다. 이미 중국은 미국의 뒤를 이어 세계 제2위의 경제 대국이 되었다. 세계 은행의 자료에 의하면 2010년에는 중국이 제1위를 차지하게 할 것이라고 한다.

중국이 이처럼 경제대국으로 부상할 수 있게 된 것은 경제 개혁을 주도한 덩사오핑의 공이 크다 할 것이다.

딘 하지만 뭐니 뭐니 해도 오늘날의 중국 경제가 놀라운 변모를 맞이할 수 있었던 이면에는 끈질긴 생명력과 강력한 경제력을 갖춘 화교들이 있어 가능했다. 해외의 중국을 이끌어 가는 화교는 전 세계에 5,500만 명이 살고 있다. 이 숫자는 우리나라 인구보다는 많지만 중국 인구의 4%에 지나지 않는다.

그런데도 이들이 빈곤한 중국 대륙을 현대화로 이끌 수 있을까? 그 비밀은 그들이 엄청난 재력을 동원할 수 있다는 데 있다.

아시아에 거주하고 있는 화교들의 GNP는 125%를 넘는다. 또한 우리나라와 일본을 제외한 환태평양 모든 국가들의 GNP를 합친 것보다 앞지른다.

어떤 자료에 의하면 화교들이 동원할 수 있는 유동 자금은 2조 달러에 이른다고 한다. 화교 인구의 2배에 달하는 인구를 가진 일본의 유동 자금 규모는 3조 달러라고 하니 그 규모가 어느 정도인지 짐작할 수 있을 것이다.

그렇다면 화교들이 이처럼 성공한 비결은 무엇일까?

그것은 그들이 어디까지나 기본자세를 잊지 않는 데 있다.

그들의 기본 자세는 쉬지 않는다. 게으름을 피우지 않는다. 아침 일찍부터 밤 늦게까지 일한다. 전해 내려오는 장사법에 철저하게 따른다. 쓸데없는 말에 일체 귀를 기울이지 않는다. 물건을 구입할 때는 값을 최대한 깎고, 반대로 판매할 때는 가능한 깎아 주지 않는다 등등…….

『손자 병법』에 '적을 알고 나를 알면 백 번 싸워도 이길 수 있다' 라는 말이 있다. 오늘의 중국은 단순히 중국이라는 한 나라로 남아 있지는 않다. 아시아를 넘어 세계의 정치·경제·문화에 있어서 큰 비중을 차지하고 있을 뿐만 아니라 우리에게는 남북한 관계에 중대한 영향을 끼치고 있다.

우리는 중국을 깊이 이해해야만 한다. 특히 요즘처럼 교류가 활발할 때에는 경영인들은 이 책에서 중국의 상인들을 움직이는 기본원칙을 배울 수 있기를 바란다. 또한 맨주먹으로 거친 세파를 헤쳐 나가 성공하려는 사람들도 이 책에서 성공하는 사업의 비결을 조금이나마 터득하기를 바란다.

엮은이

차례

머리말 • 2

제1부 깊은 잠에서 깨어난 거인 중국 • 9

01. 쌀독에서 인심이 난다 • 10
02. 만만디의 기질 • 13
03. 상대가 자신의 얼굴에 침을 뱉더라도 마를 때까지 기다린다 • 15
04. 손익은 항상 함께 뒤섞여 있다 • 19
05. 중국 상인과 『손자 병법』 • 22
06. 모든 것이 계산이다 • 26
07. 면류관을 빌려 자신의 명성을 선전한다 • 29
08. 말이나 노새는 끌고 나가야만 안다 • 32
09. 시계는 필요 없다 • 35
10. 눈앞에 술이 놓여 있으면 오늘 취하라 • 38
11. 지전 • 41
12. 신기한 물건은 확보해 둔다 • 45
13. 장례식과 결혼식은 최대한 성대하게 치른다 • 48
14. 싸우기 전에 일을 도모한다 • 51
15. 자신의 허물을 솔직하게 드러낸다 • 54
16. 발 없는 말이 천 리 간다 • 58
17. 재신財神의 유래 • 62

18. 발이 빠른 자가 먼저 얻는다 • 67
19. 남의 옥으로 내 옥을 다듬는다 • 71
20. 전통적인 사고에서 벗어나라 • 75
21. 유머 섞인 대화로 상대방을 충고한다 • 82
22. 남의 힘으로 자신의 뜻을 이룬다 • 86
23. 거래는 현금으로, 보관은 금으로 • 89

제2부 세계 경제의 큰 손, 화교 • 93

24. 화교의 시초 • 94
25. 화교의 확산 • 98
26. 곳곳에서 펼쳐진 화교의 박해 역사 • 102
27. 비밀결사 조직 삼합회三合會 • 108
28. 화교들의 직업관 • 112
29. 화교들의 방언 • 116
30. 화교의 영웅 정화 • 120
31. 화교의 영웅 정성공 • 126
32. 고국으로 돌아오는 화교들 • 131
33. 화교의 낙원 싱가포르 • 134

차례

제3부 화교 상술에는 불황이 없다 • 139

34. 빈손으로 집안을 일으키다 • 140

35. 적은 자금으로 독립한다 • 143

36. 친척끼리의 계로 사업자금을 마련한다 • 146

37. 단기간의 높은 이윤에 집착하지 마라 • 150

38. 실제로 접해 보라 • 153

39. 비록 피해를 입더라도 침묵한다 • 156

40. 큰 그물이 큰 고기를 잡는다 • 159

41. 고국의 전통을 당당하게 지켜 나간다 • 167

42. 위기가 닥치면 재빨리 몸을 피하라 • 170

43. 상품을 잘 포장하여 구매욕을 자극하라 • 174

44. 친목회에서 정보를 수집한다 • 176

45. 결코 허황된 꿈을 꾸지 않는다 • 178

46. 이름으로 가게의 손님을 끈다 • 181

47. '이성'을 다스리기 위한 방법 • 184

48. 가게의 문지기 사장님 • 187

49. 물결을 따라 배를 저어라 • 190

50. 저녁 식사는 반드시 가족과 함께 • 193

51. 근검 절약의 생활 신조 • 197

52. 뒤에서도 남을 칭찬하라 • 200

53. 모양새가 좋지 않은 장사부터 시작하라 • 203

54. 사귀는 것은 쉽지만 고르는 것은 더욱 어렵다 • 205

55. 한 가지 사업에만 매달리지 말라 • 209

56. 알맞은 장소가 없으면 벽이라도 뚫어라 • 213

57. 장사의 도리와 인정은 분명히 구분하라 • 216

58. 정보 교환은 최대한 신중하게 하라 • 219

59. 이웃 상점과 같은 업종의 장사를 하라 • 222

60. 체면을 생명과 같이 여겨라 • 225

61. 돈을 쓸 때는 화끈하게 써라 • 229

62. 항상 절약하라 • 233

63. 화교는 아무도 믿지 않는다 • 236

64. 단 한 번의 상거래도 소홀히 하지 말라 • 239

65. 자식에게도 이자를 받는다 • 242

66. 화교는 죽은 뒤에야 쉰다 • 245

67. 부귀와 가난을 이웃과 함께 나누면 성공한다 • 249

깊은 잠에서 깨어난 거인 중국

제1부

01
쌀독에서 인심이 난다

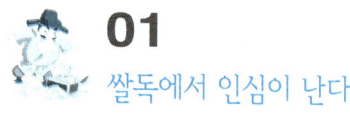

중국인들은 장사꾼을 상商과 고賈로 나눈다.

사방을 떠돌아다니면서 거래하는 사람을 '상', 한곳에 살면서 물건을 사고 파는 사람을 '고'라고 했다. 그러면 떠돌이 장사꾼을 왜 '상'이라고 했을까?

중국에는 3천 수백 년 전에 상商이라는 나라가 있었다. 은나라로 더 잘 알려진 상 나라는 무왕武王과 강태공의 주나라에게 멸망하자 백성들이 사방으로 흩어져 장사꾼으로 변신하여 연명해야 했다. 그래서 상인이라 일컬으면 멸망한 상나라의 백성을 의미하는데 후에 '장사를 하는 자'로 부르게 되었다.

중국에서 상업이 발생한 것은 이미 3천 년이 넘는 것으로 짐작된다. 하지만 중국에서 상업이 본격적으로 성행한 것은 철기문명이 발생한 춘추 시대부터였다.

이때 상업이 발달하여 농기구가 개량되어 농업이 획기적으로 발전되었다. 그리고 무기까지 개량되는 바람에 숱한 전쟁이 일어나는 춘추전국 시대에 돌입하게 된다.

상업의 발달은 물질에 대한 인간의 본능을 자극하여 배금사상이 팽배하게 되었고, 즉, '돈이 있어야 인간 행세를 할 수 있다'는 생각을 갖게 되었다.

인간에게 있어 소유욕은 본능이다. 특히 그 대상이 먹는 것과 직결될 때 아무도 이를 억제할 수 없다.

'먹을 때는 개도 때리지 않는다'라는 우리의 속담도 있지 않은가! 그래서 관포지교管鮑之交로 널리 알려진 관중管仲이 명언을 남겼다.

"곳간이 가득 차면 예절을 알고, 의식衣食이 족하면 영욕을 안다."

관중은 공자가 태어나기 약 90년 전에 세상을 떠났다. 그는 이른바 제자백가의 대 선배인 셈이다. 그러나 그가 특히 주목되는 것은 41년간이나 재상으로 있으면서, 경제정책에서 독자적인 수완을 발휘했다.

그가 섬긴 제나라의 환공은 춘추 시대 처음으로 패자霸者, 즉 제후의 맹주 자리에 앉는 명예를 얻었는데 이는 물론 관중 덕택이었다.

공자가 관중을 다음과 같이 평가하였다.

'관중은 환공을 도와서 제후들을 지도하고 천하의 평화를 유지시켰다. 만약 관중이 없었다면 중국은 오랑캐에게 점령되

어 산발머리에 오랑캐의 풍속을 강요당했을 것이다.'

그리고 공자는 이렇게 한 말씀하셨다.
"부귀를 위해서라면 마부 노릇도 마다하지 않겠다."
공자께서도 역시 부귀를 추구하는 것은 인간의 본능이라고 보았고 그는 그것은 정당하게 추구하라고 강조했다.

맹자가 점잖게 한 말씀하셨다.
"변치 않는 마음은 변치 않는 재산에서 가능하다."
맹자의 이 말은 재물이 있고 나서야 충성이니 효도니 우정도 있을 수 있다는 뜻일 것이다. 이것을 우리 식으로 표현하면 '쌀 독에서 인심 난다'는 말이 아니겠는가!

중국은 강력한 관료주의 사회였으며 그 주역은 사대부들이다. 즉, 권문세족의 자제가 아닌 이상 사대부와 같은 반열에 오를 수 있는 방법은 없다. 따라서 부귀를 얻을 수 있는 상업은 예로부터 매우 중시되었다.

그렇기 때문에 중국에서는 일찍부터 상업이 발달했으며, 중국인들 역시 장사에 뛰어난 수완을 발휘하게 되었다. 오늘날 동남아 각국의 상권은 대부분 화교들이 잡고 있다. 중국의 역사를 알고 보면 이것은 결코 우연이 아님을 알 수 있을 것이다.

02
만만디의 기질

중국인을 상징적으로 대변해 주는 말에 만만디라는 말이 있다. '만만'이라는 것은 우리말로 '느린, 느릿느릿한, 느리게'라고 해석할 수 있다.

중국인들은 선천적으론 서두르거나 재촉하는 것을 싫어한다. 그것은 무리라고 보기 때문이다. 무리를 하면 마침내 조화가 깨지고, 그렇게 되면 원만한 인간관계를 유지하기가 어렵다.

중국인들이 즐겨 쓰는 말에 '빨리 가려고 서두르다가는 도달하지 못한다'는 속담이 있다. 즉 여유를 가지라는 뜻이다.

사업상 중국에 팩스를 보낸 사람이라면 회신이 없다고 투덜댄 경험이 있을 것이다. 연락을 하면 도무지 감감무소식이다. 그야말로 소식이 없다. 팩스를 받았는지 안 받았는지 알 수가 없으니 더욱 미칠 노릇이다. 거래해 보자는 내용의 팩스도 마찬가지다. 그러므로 이런 욕이 나왔는지도 모른다.

"중국인은 너무 느려 터졌다고!"

문제는 당사자가 중국인의 이런 성격을 파악하지 못하고 성급하게 조바심을 내는 데 있다. 중국과 교역하면서 다른 선진국에서처럼 정확하고 빠른 교신이나 서비스를 처음부터 기대한다는 것부터가 잘못된 것이다.

다른 나라와 무역할 경우 한 달이면 해결할 일을 중국에서는 최소한 두 달 정도는 걸리는 것이다. 특히 화교들은 무슨 일이든 항상 느긋하고 신중하게 생각한다.

'빨리빨리' 병에 젖은 우리로서는 매우 답답하게 여기겠지만, 사실 생각해 보면 세상에 그렇게 서두를 일은 없다.

'군자는 천천히 걷는다.'

옛날 선비들이 즐겨 쓰는 말이지만 중국의 상인들은 이 말을 신주처럼 떠받든다. 그들은 어떤 일을 결정할 때에도 곧장 결정하는 것이 아니라 며칠 동안 곰곰이 생각한 다음에 결정한다.

그들은 뭔가 좋은 조건은 없을까 꼼꼼히 계산한 다음에야 결정하는 것이다. 물론 곰곰이 생각하는 동안 조건이 좋아지는 경우도 있다.

그러나 이와 반대로 즉시 결단하는 편이 좋은 결과를 얻는 경우도 많다. 하지만 중국인들은 천천히 생각하고 그 일에 실패한다 해도 결코 호들갑을 떨지 않는다.

'그것은 그것으로 만족한다. 그 일은 나에게 맞지 않으니 다른 사람이 하면 된다.'

이것이 중국인의 신념이다.

03

상대가 자신의 얼굴에 침을 뱉더라도 마를 때까지 기다린다

만약 누군가 얼굴에 침을 뱉더라도 가만히 놔두면 언젠가는 마를 것이다. 인내를 계속 쌓으면 금이 된다. 여기에서 금은 인격의 고귀함을 비유한다.

중국인의 인내력은 일상 생활 중에도 잘 나타나 있다. 가장으로서 가정을 이끌어 가는 데 가장 중시되는 것은 근검과 인내이다.

그들은 풍요롭지 못했기 때문에 근검 절약해야 했고, 대가족 제도로 많은 가족이 함께 살아야 했기 때문에 참지 않으면 안 되었다.

많이 참는 것을 백인이라고 한다. 여기에는 다음과 같은 일화가 전해지고 있다.

옛날 당나라 때 장공예라는 노인이 있었다. 그는 9대에 이르는 수백 명의 후손들과 화목하게 살았다. 고종이 태산에 거둥

했다가 소문이 난 그의 집을 일부러 찾아가서 고종이 물었다.

"어떤 방법으로 집안을 다스렸기에 이토록 화목한가?"

그러자 장공예는 큰 종이를 가져와 참을 인 자 백 개를 써서 바치며 말했다.

"바로 이것이 비결이옵니다."

고종은 감탄하여 즉석에서 비단 백 필을 하사했다고 한다.

중국인들은 체면을 매우 중요하게 여긴다. 하지만 자기의 체면이 깎였다고 흥분한다거나, 실질적인 손해가 없는 욕이나 질책을 들었다고 해서 소란을 피우는 것은 소인배나 하는 짓이라고 생각한다.

중국인의 신조는 인내이다. 장시간 일을 계속하는 것도 인내가 필요하지만, 더러운 이불 한 장으로 배 갑판에서 몇 주일을 지새우며 미지의 나라에 상륙한 선조들이 오늘날 번영을 구축한 것도 인내의 산물인 것이다.

중국인들이 손찌검을 하거나 말다툼을 하는 경우는 극히 드물다. 하물며 장사를 하면서 싸운다는 것은 상상조차 하지 못한다.

그들은 손님이 아무리 말도 안 되는 소리를 하며 값을 깎더라도 절대로 감정적으로 대하지 않는다. 그들은 마음속으로 상대방이 싫더라도 절대로 싫은 표정을 드러내지 않는다.

그들은 오히려 싫어하는 사람일수록 싱글거리며 다가서서는,

"담배라도 한 대 피우실까요?"
하며 착 달라붙는다.

그래서 불쾌한 손님이나 난폭한 손님에 대해서도 친절하고 부드럽게 대한다. 그것은 돈 때문이 아니라 장사에 대한 그들의 정열을 나타내는 것이다.

감정적으로 장사한다는 것은 잘못된 상술이다. 장차 부를 쌓을 사람은 몸을 보존하는 데 무척 노력한다. 남과 싸우거나 위험을 불러일으키는 일은 절대로 하지 않는다.

왜냐하면 '돈만 있으면 귀신에게 절구통을 끌게 할 수도 있다'는 중국의 격언대로 참고 열심히 노력하여 돈을 많이 벌면 아무도 업신여기지 못할 것이라고 믿고 있기 때문이다.

돈을 위해서라면 설사 타인이 자신의 얼굴에 침을 뱉더라도 마를 때까지 인내하는 중국인이지만, 장사를 떠나 대인관계에 있어서의 모욕에는 매우 민감하다.

그들은 체면을 손상당하는 일은 절대 용서하지 않는다. 왜냐하면 한 인간으로서의 자신과, 장사꾼으로서의 자신을 분명하게 구분하고 있기 때문이다.

그들은 장사꾼으로서 사업상 양보하지만, 사적인 만남에서는 매우 까다로울 정도로 체면에 신경을 쓴다. 그것은 대부분의 중국인들 성격의 특징인 고지식함을 확연히 드러내는 것이다.

예를 들어 편지를 접는 것만 보더라도 상대방의 이름이 쓰여진 부분은 접히지 않도록 신경을 써야 하며, 정중하게 무릎을 꿇고 접음으로써 상대방에게 존경의 뜻을 나타낸다. 그렇게 하는 것이 상대방의 품위를 존중하는 것이라고 여기기 때문이다.

또한 자기 집에 찾아온 손님을 마중하거나 배웅할 때에도 아주 사소한 예법이라도 생략하면 진심으로 환영하지 않다는 것을 드러내는 셈이 된다.

중국인의 체면과 한국인들이 말하는 체면은 그 의미가 아주 다르다. 그것은 대대로 이어져 내려오는 풍속과 습관, 예절이 전혀 다르기 때문이다.

중국인들은 사업상 거래의 끊고 맺음을 개인적인 일로 연관시키지 않는다. 사업상 비록 불편한 사이일지라도 개인적인 관계에서는 정중하게 예의를 갖춰 상대방의 체면을 세워 주는 것이 바로 화교의 상술이다.

그러나 상대방으로부터 체면을 손상당했을 때는 표정이 얼음처럼 차가워진다.

04
손익은 항상 함께 뒤섞여 있다

경영인은 임기응변의 지략을 발휘할 줄 알아야 한다. 그리하여 시시각각으로 변화하는 사회 속에서 그 실정에 맞게 계획을 세우고, 그 힘을 기울여 잘 활용함으로써 회사의 발전을 도모해야 한다.

그러기 위해서는 먼저 기초적인 이론에 정통해야 한다. 그리하여 여러 가지 변화에 따라 그 상황에 알맞은 임기응변의 지략도 나올 수 있다.

사람들은 독단적으로 생각하기 쉽다. 그러나 회사를 경영하거나 장사하는 사람은 계획을 세울 때 항상 이익과 손실을 함께 검토한 다음 결정을 내려야 한다. 이익을 생각할 때에도 손실을 아울러 검토하기 때문에 사업은 발전할 수 있다.

또한 손실을 생각할 때에도 이득을 아울러 검토하기 때문에 경영상의 어려움을 미리 없앨 수 있다.

요컨대 기업의 운영에 있어서는 항상 태세를 갖추고 총력을 기울임으로써 발전을 도모하는 한편, 불의의 사고나 불경기에 대비해야 한다.

상하이에 있는 대륭기계 공장은 고강도의 합금강 룰러 체인을 생산하는 회사이다. 이 공장은 1979년 이전까지만 해도 품질이 우수하고 판매도 잘 되어 중국은 물론 해외에서도 인정해 주는 유망한 회사였다.

그런데 1980년에 접어들면서 주문량이 생산량의 절반에도 못 미칠 만큼 갑자기 뚝 떨어졌다. 이때 이에 관련된 부서에서는 즉시 그 원인 분석에 들어갔다.

그들은 지난 10년 동안의 각종 자료를 분석한 결과 다음과 같은 중요한 사실을 발견했다.

① 상품의 판매 이익이 높을 때는 판매량이 저조했다.
② 반대로 이익이 낮을 때는 판매량이 증가하여 총 이익도 높아졌다.

예를 들어 가격이 10퍼센트 정도 떨어지면 판매량은 50퍼센트 증가하는데 이때의 이익은 33퍼센트였다. 그런데 만약 가격이 20퍼센트 떨어지면 이익은 26.5퍼센트가 되지만 판매량은 그 배로 증가하여 총 이익은 50퍼센트나 증가하게 된다.

이 같은 과학적인 분석으로 이 공장은 다시 한번 계획을 수

정해서 정확한 방향을 잡았다. 물론 그 회사는 전혀 불황을 모르는 기업이 되었다.

경영 과정에서 단기적인 이익과 장기적인 이익의 관계를 잘 처리하여 눈앞의 이익에 집착하지 말고 장기적인 계획을 수립해야만 지속적인 발전을 유지할 수 있다는 좋은 사례라 하겠다.
중국 상인들이 즐겨 쓰는 속담이 있다.
'가뭄이 들었을 때는 배를 준비하고, 홍수가 났을 때는 수레를 준비하라.'

05
중국 상인과 『손자 병법』

어느 기업체나 기획부에서 근무하는 사람들의 서가에 반드시 꽂혀 있는 책이 바로 『손자 병법』이다.

화교의 거상들은 흔히 이렇게 말한다.

"정치는 사업이며, 사업은 곧 전쟁이다."

만약 이들의 말대로 국제시장이 전선이라면 반드시 이에 따른 전략과 용병술이 필요할 것이다.

손자 병법은 이에 대해 불후의 명언을 남기고 있다.

'적을 어지럽게 하여 이득을 취하라. 적이 편하면 고생스럽게 만들어라.'
'미끼를 주어 유인하라. 화를 돋구어 적을 동요시켜라.'
'상대방의 모습을 드러나도록 만들되 자신의 모습을 철저히 감추라.'
'방비가 없는 곳을 공격하라. 적이 알아차리지 못할 때 재빨

리 손을 써라.'

『손자 병법』을 읽은 아시아의 정치가와 투자가들이 국제시장에서 어떻게 서구의 경쟁자들을 혼란에 빠뜨리는지 알면 놀랄 것이다.

모든 기업체는 첩보 활동을 하는 반면 자신을 철저히 숨겨 신비롭게 만들어서 보호하라.

인생의 모든 것은 속임수에 그 기반을 두고 있다.

손자의 이론에 따르면 첩보 활동과 속임수, 그리고 적을 혼란시키는 모든 활동이 잘 운영될 때 이는 바로 음양오행의 조화와도 일치한다는 것이다.

하지만 서양인들은 손자의 교훈을 본능적으로 거부감을 가지고 있다. 그것은 『손자 병법』이 전쟁을 주제로 한다는 점과 동양의 신비주의에 대한 서양인들의 거부감이 덧붙여졌기 때문이리라.

게다가 『손자 병법』이 군사학자에 의해 번역되어 군사 용어가 많은 대부분을 차지하기 때문에 일반인들에게 거부감을 주었으리라. 하지만 그들이 만약 쉽고, 평범한 언어로 번역된 손자 병법을 읽었다면 그들도 경탄해 마지않았을 것이다.

어쩌면 군사학의 전문가조차 『손자 병법』의 진정한 의미를 소화하기 힘들지도 모른다. 물론 여기서 가장 중요한 것은 승리이다.

그러나 손자는 싸우지 않고 승리하는 것이 더 중요하다고 주장하였다. 그는 결코 전쟁에서의 전투가 가장 중요하다고 말하지 않았다.

백전백승하는 자가 가장 유능한 사람은 아니다.
싸우지 않고 적을 굴복시키는 자가 가장 유능한 사람이다.
상대방을 공략하는 것은 최선의 방법이 아니다. 이것은 부득이한 경우에만 사용해야 한다.

일상 생활에서 손자의 가르침을 가장 성실히 이행하는 사람들은 화교들이다. 동양과 서양이 서로 맞물려 돌아가는 사이에서 생활하는 화교들에게는 손자의 가르침이 사업 전략인 셈이며 동시에 생존 수단이었다.

화교들의 성공을 살펴보면 그 대부분은 거대한 조직이 서로 맞물려 돌아가는 틈새에서 이끌어 낸 것이다. 거류지 국가의 온갖 박해와 냉대 속에서 화교들은 자연스럽게 몸을 숨겼다.

그들은 온갖 종류의 베일로 자신을 감싸서 드러나지 않도록 조심했다. 그래서 그들은 몸을 숨기고 자신을 보호하는 데는 전문가가 되었다.

최근 들어 동·서양을 막론하고 손자에 대한 관심이 전 세계에 번지고 있다. 중국은 물론 일본, 대만에서도 손자에 관한 논문이 수백 편씩 쏟아지고 있다.

베이징에서는 손자를 주제로 한 세미나가 수시로 열리고 있다. 서양에서는 『손자 병법』의 새로운 번역본이 각 나라마다 경쟁적으로 출간되는가 하면, 손자의 격언과 교훈을 기업의 경영에 적용하기 위한 경영지침서도 쏟아지고 있다.

특히 세계 경제에 급부상하고 있는 아시아 시장을 둘러싸고 서양인들은 아시아인들로부터 불공정하게 여러 번 당해 왔으나, 이제는 손자를 통해 경쟁자들의 신비로운 행동과 이해하기 힘들었던 사업의 수단에 대해서 눈을 뜨기 시작한 것이다.

눈으로는 포착하기 힘든 움직임, 베일에 쌓인 듯한 불투명함, 예술의 경지에까지 이른 변신술 등…….

이 모든 신비로움이 서구인들의 사고방식으로는 도저히 이해할 수 없는 문화적 장벽이었다. 하지만 그들은 손자의 교훈을 통해 아시아의 신비에 조심스럽게 접근하기 시작하고 있다.

06
모든 것이 계산이다

중국인의 숫자 감각은 세계 제일이다. 한마디로 무섭다는 표현이 더 적합할 것이다. 여기에 재미있는 사례가 있다.

우리나라에서는 어린아이가 한 살이 되면 일가 친척들이 모여 돌잔치를 벌이는데 중국도 이와 비슷하다. 그러나 차려 놓은 물건을 보면 우리나라와 특이한 면이 있다.

흔히 우리는 푸짐하게 차린 음식 외에 실과 붓 따위를 늘어 놓고 아이에게 그 중의 하나를 줍게 한다. 붓은 공부를 열심히 해서 높은 자리에 올라가기를, 실은 무병장수를 바라는 우리 조상들의 소박한 바람이다. 이때 돈도 올려놓는다. 장차 커서 돈을 많이 벌기를 바라는 뜻이다.

그런데 중국의 풍습은 다르다. 그들에게도 역시 붓은 등장한다. 그러나 중국인들은 실이나 돈 대신에 주판을 올려놓는다. 이것은 계산을 잘 해야 한다는 뜻이다.

목숨이야 하늘에 달린 일이므로 그들은 관심 밖이다.

그러나 돈은 곧 계산이므로 주판을 집으라는 것이나 돈자체를 올려놓는 우리보다 더 철저하고 근본적임을 알 수 있다.

사실 중국인은 세계에서 가장 먼저 숫자에 눈을 뜬 민족이라고 할 수 있다. 이미 3천 년 전부터 상나라 상람들은 장사꾼이 되어 그들의 역량을 발휘했다.

그들이 사용했던 문자는 갑골문자인데 현재 한자의 모태가 된다. 갑골문을 해독한 결과 그 당시에 이미 구구법을 사용했다는 사실이 드러났다.

또한 춘추 시대 때 선비가 익혀야 할 필수과목으로 '육예六藝'라는 것이 있었는데 그 중의 한 과목이 바로 수학이었다.

한나라 때는 『구장산술九章算術』이라는 일종의 수학 교과서가 있었고, 3세기 진晉나라 때 유휘라는 학자가 이를 이용하여 원주율이 3.14라는 것을 계산해 내기도 했다.

중국어로 계산을 '쏜算'이라고 하는데 여기에 관계되는 말도 굉장히 많다.

예를 들어 계산하는 것을 '따쏜'이라고 하며, 장부를 정리하는 것을 '쏜장算帳', 계산이 끝났음을 '쏜러', 그리고 꿍꿍이속을 '신쏜'이라고 한다.

또한 세심하게 앞뒤를 따지는 것을 '징따사쏜'이라고 하며, 심지어 점을 치는 것도 계산하는 것으로 여겨 '쏜밍算命'이라고 한다. 이것은 운명을 계산한다는 뜻으로, 중국인들에게 있어서는 점을 보는 것도 하나의 계산이었던 것이다.

중국인의 독특한 계산 방법은 단연코 주판이다. 주판 역시 계산과 밀접한 관계가 있었으므로 그들은 그것을 '쏴판'이라고 부른다.

주판이 출현한 연대는 기록에 의하면 원나라 이전부터 이미 존재했다고 한다. 그것이 널리 사용되기 시작한 것은 명나라 때였다.

여러분들도 중국 무협영화에서 주판이 무기로까지 등장하는 장면을 기억하시리라. 계산기와 컴퓨터가 발달된 지금도 중국인들은 여전히 주판을 애용하고 있다.

그래서 주판과 관계되는 말도 많다. 즉, '쏴판소우'라고 하면 근검 절약하는 사람이라는 뜻이며, '쏴판 나오따이'라면, 주판을 아예 머리 속에 가지고 있는 사람을 말하는 것으로 구두쇠·수전노·노랑이를 뜻한다.

07
면류관을 빌려 자신의 명성을 선전한다

면류관이란 옛날 중국의 황제가 머리에 썼던 관이다. 그 시초는 한나라 무제였는데 다음과 같은 이야기가 전해지고 있다.

한 무제 이전의 제왕들이 쓰던 관은 머리만 가려졌기 때문에 얼굴이 그대로 드러나서 황제의 얼굴이 신하들의 눈에 훤히 보였다. 그런데 한 무제는 총명해서 신하들의 말이 진실인지 거짓인지 금방 알아차리고는 안색으로 나타냈다.

이때 신하들은 바늘방석에 앉아 있는 기분이었다. 어느 날, 동방삭이 조심스럽게 아뢰었다.

"폐하, 물이 너무 맑으면 물고기가 살지 않고, 사람이 너무 치밀하면 무리가 따르지 않습니다."

이 말을 들은 한 무제는 즉시 자신의 관을 바꾸었다. 즉, 관에 수식을 늘어뜨림으로써 자신의 얼굴 표정을 최대한 가렸다.

이것이 면류관의 효시가 되었다. 그러므로 면류관은 곧 제왕을 상징한다.

'면류관을 빌려 명성을 선전한다'는 것은 신문이나 방송 같은 매스컴이라는 면류관을 빌려 돈을 들이지 않고 상품을 선전하는 것을 말한다. 그렇게 함으로써 상품의 명성과 가치를 높이는 경영 전략이다.

이 경영 전략을 이용하려면 때를 정확하게 선택하여 주도면밀한 준비를 갖추어야 한다.

1983년 봄, 중국 TV의 저녁 쇼 프로에 당시 코미디계의 제왕인 마계가 출연하여 '우주'라는 기상천외한 담배를 판매하면서 시청자들을 포복절도하게 만든 적이 있었다. 그런데 그 우주 담배라는 것은 그때까지는 아직 생산되지 않았던 가공의 담배 상표였다.

그러니 그저 웃자고 한 코미디일 뿐이었다. 하지만 헤이룽강의 한 담배회사의 공장장 왕진진이라는 사람은 이 코미디를 무심히 보아넘기지 않았다.

그는 즉시 우수한 품질의 담배를 만들어 '우주'라고 이름 붙였다. 이 우주 담배는 시장에 출시되자마자 폭발적인 인기를 끌어 생산 시설을 크게 확장할 정도였다.

어느 날 왕진진은 은인이라 할 수 있는 코미디언 마계를 초빙해 성대한 쇼를 열어 열기를 한껏 증폭시켰다.

1984년 미국의 레이건 대통령이 정상회담을 마치고 중국을 떠나는 날, 환송 리셉션이 인민대회장에서 열렸다. 당시 베이징에서 개업한 지 얼마 되지 않은 장성 반점은 이 리셉션의 음식을 담당하게 되었다.

리셉션에는 5백여 명의 내외신 기자들이 몰려들어 열띤 취재 경쟁을 벌였다. 물론 TV로 생방송되어 전 세계 수억 명의 시청자들이 지켜보았다.

그 이후 장성 반점의 이름은 전 세계에 알려져 관광객이 중국에 오면 꼭 들리는 명소로 변해 사업은 급속도로 성장했다.

이 경영 전략은 매스컴을 떠나서는 생각할 수 없다. 매스컴은 여론을 이끄는 중요한 힘이다.

광범위한 영향력 때문에 매스컴은 갈수록 그 위력을 떨치고 있다. 따라서 경영자들은 매스컴을 '무관의 제왕'으로 부르며 이들의 면류관을 빌리기 위해 전력을 기울인다.

08
말이나 노새는 끌고 나가야만 안다

우리 속담에 '관을 봐야 눈물을 흘린다'는 말이 있다. 즉, 눈으로 직접 봐야 믿는다는 것이다.

새로운 상품을 시장에 처음 내놓을 때가 되면 먼저 그 상품을 세상에 공개하여 구매를 부추긴다. 즉, 상품을 보여 주고 구매자를 직접 설득하는 것이다.

이 방법으로는 다음 세 가지가 있다.

파괴 실험

많은 사람들 앞에서 상품에 강한 충격을 가해 질이 단단하다는 것을 보여 준 유명한 일화가 있다.

1986년, 장쑤성 사향현에 있는 한 가구 회사에서는 야심작으로 '소학' 표라는 침대를 세상에 출시하였다. 그런데 판매가 예상한 것보다 시원치 않았다.

그 해 11월에 이 회사에서는 기상천외한 이벤트를 실시했다.

즉, 대로에서 침대의 강도를 실험했다. 이때 보기 드문 광경이었으므로 사람들이 내기를 걸며 구름처럼 모여들었다.

"트럭으로 깔아뭉갠다며? 제아무리 강한 침대라도 이제 빈대떡이 되겠는걸."

"회사에서 자신 없으면 그런 선전을 하겠어? 마술이라면 혹시 몰라도……. 하지만 이건 마술도 아니잖아?"

사람들이 웅성거리는 틈을 뚫고 10톤 트럭이 달려와 단숨에 침대를 깔아뭉갰다. 그런데 이때 정말 신기한 일이 일어났다. 침대는 거짓말처럼 말짱하지 않은가!

구경꾼들의 감탄사가 여기저기서 터져 나왔다. 이 소문은 순식간에 전국을 휩쓸어 6개월 만에 소학표 침대는 매출 1위를 차지했다.

전시 효과

쇼윈도·가판대 등을 통해 상품을 전시하여 신뢰감을 주는 방법이다.

1979년, 장쑤성 오현에 있는 전자제품 회사는 선풍기 생산에 주력하기로 방침을 정했다. 이때 회사의 간부들이 모여 진지하게 토의했다.

"우리 같은 중소기업의 제품이 대기업의 유명 상품과의 경쟁에서 과연 이길 수 있을까요?"

공장장이 고개를 갸웃거리자 판매과장이 자신 있게 나섰다.

"이길 수 있습니다. 제가 소비자들의 동향을 알아보니 그들의 관심은 온도에 있습니다. 쉬지 않고 선풍기를 계속 돌려도 온도가 변하지 않는 제품을 만든다면 우리에게 승산이 있습니다."

그들은 곧장 새로운 선풍기 제작에 몰두했다. 두 달 후, 상하이의 한 백화점 전시장에 판매원이 자기 회사의 선풍기를 설치해 놓고 무려 171일 동안 쉬지 않고 돌렸다.

백화점에 들른 고객들은 지나가다가 이 선풍기에 열이 얼마나 나는지 손으로 만져 보며 신기해했다. 그리고 판매원이 며칠째 계속 돌리고 있다고 말하자 놀랍다는 표정으로 그 선풍기를 다시 한번 바라보는 것이었다.

'작은 낙타' 표 선풍기는 이런 방법으로 상하이의 거대한 시장을 석권하였다.

09
시계는 필요 없다

여유만만한 것으로 치면 중국에서도 쓰촨의 나무꾼이 가장 유명하다. 그들은 벌목하여 생활한다.

하지만 우리나라의 나무꾼과는 사뭇 다르다.

우리나라의 나무꾼은 아침에 지게를 지고 산에 올라가 나무를 해서 저녁이면 산을 내려온다. 그 나무는 이튿날 시장에 내다 팔아 끼니를 해결한다.

그러나 쓰촨의 나무꾼은 한번 산에 올라가면 몇 달 동안이나 꾸준히 나무를 벤다.

그리고는 벌목한 나무를 강기슭으로 끌고 내려와 뗏목을 만든다. 뗏목을 만드는 것도 쉬운 일은 아니어서 보통 몇 달씩이나 걸린다. 뗏목이 완성되면 드디어 양쯔강에 띄운다.

최종 목적지는 대부분 머나먼 상하이다. 그들은 무려 5천 킬로미터의 대장정에 나서는 것이다.

이 여행에는 물론 일정표가 없다. 그래서 언제쯤 상하이에

도착하는지 아무도 모른다. 그것을 알 필요성도 못 느낀다. 그저 강물 따라 끊임없이 흘러가기만 하면 되는 것이다.

이 여행의 목적은 나무를 팔아 돈을 버는 것이 아니다. 아예 하루하루의 생활 그 자체라고 할 수 있다.

그러므로 큰 뗏목 한 귀퉁이에 통나무집을 지어 온 가족이 함께 기거한다. 이것은 뗏목을 탄다기보다는 그 위에서 살아간다는 것이 더 적절한 표현일 것이다.

그뿐만 아니라 뗏목 위에 흙을 덮어 밭을 만들고 그곳에 채소까지 가꾼다.

그리고 닭이나 오리, 염소와 양도 몇 마리씩 키우면서 상하이로 향한다. 이렇게 해서 뗏목은 양쯔강을 따라 하염없이 동쪽으로 흘러간다.

바람이 불면 부는 대로, 물결 치면 물결 치는 대로 서서히 배를 움직일 뿐이다. 가다가 명승지가 나오면 유람도 하고, 장터에 이르면 물물교환도 한다.

긴 시간이 흘러 떠날 때 뿌려 놓은 씨앗은 싹을 틔우고 자라서 먹음직스런 채소로 변한다. 닭과 오리는 새끼를 낳아 숫자가 배로 늘어났고 염소와 양들도 가족이 늘어났다.

이윽고 상하이에 도착해 보면 뗏목의 공간은 얼마 남지 않은 채 가축들로 가득하다. 물론 불어난 것은 가축만이 아니고, 그 사이에 아기가 태어나 아장아장 걷는 것을 나무꾼은 흐뭇한 표정으로 바라본다.

뗏목과 가축을 다 팔면 제법 목돈을 만질 수가 있다.

그 뒤 나무꾼은 가족과 함께 걸어서 귀향길에 오른다. 물론 재수가 좋으면 가끔 짐수레를 얻어 타기도 한다.

이윽고 집에 도착하면 이미 3년이란 세월이 지났음을 깨닫는다. 잠시 휴식을 취한 나무꾼은 또다시 산에 오른다.

과연 쓰촨의 나무꾼에게 현대인의 필수품인 시계나 달력이 필요할까?

10
눈 앞에 술이 놓여 있으면 오늘 취하라

동・서양을 막론하고 술꾼이라면 중국의 이 속담이 마음에 쏙 들 것이다. '눈앞에 술이 놓여 있으면 오늘 취하라.' 지금 눈앞에 술이 있으니 기분 좋게 취하면 좋고, 내일 일은 내일 생각하면 되지 않는가라는 뜻이다. 그렇다면 과연 중국인들은 술을 어떻게 생각할까?

그들의 속담을 살펴보면 그들의 태도를 알 수 있는데, 여기에는 대체로 두 가지가 있다. '술은 백 약의 으뜸이다.' 적당히 마시면 백익무해하다는 뜻이다.

또 이런 속담도 있다.

중국인들은 하늘을 몹시 무서워한다. 그런 하늘이 내린 선물이니 술은 성스러운 존재로 비춰졌을 것이다. 그래서 그들은 술을 마시고 추태를 부리는 일이 별로 없다.

'술은 얼굴을 붉게 하고, 황금은 마음을 검게 한다.'

'술과 맺어진 친구는 단지 하룻밤 친구에 불과하다.'

술과 관련된 속담이나 격언은 이 밖에도 수없이 많다.

중국인과의 상담에서 술이 빠지는 경우가 없다고 해도 과언이 아니다.

하여튼 중국에서의 상담은 한 잔의 술이 들어가야만 성립된다고 보면 틀림없다. 술자리는 주로 식사 때부터 시작된다. 그들은 점심 식사에도 반드시 반주를 곁들인다.

그러나 하루 종일 술자리가 계속되는 경우도 흔하다. 지독하게 마시는 술 때문에 술병이 난 중국인들도 물론 많다.

'술에는 장사가 없다'는 우리 격언은 그들에게도 통한다. 워낙 술에 찌들다 보니 우리나라처럼 '술 상무' 제도도 있다.

중국인들과 술자리를 같이 할 때 우리의 술 상무를 구분하는 것은 어렵지 않다. 사장 비서가 이 역할을 한다고 보면 거의 틀림이 없을 것이다.

중국인들은 무엇이든지 상대에게 권하는 것이 관례이다. 그리고 저쪽에서 한 번 권하면 이쪽도 권하는 것이 예의이다.

이 정도의 예의를 갖추지 못하면 인격을 빵점으로 본다. 이렇듯 중국인과의 상담은 술을 통해 시작되고 끝이 나지만, 상담은 술자리에서 크게 빛을 발하지 못한다.

장사와 술자리가 연결되는 경우가 있지만 술을 마시는 자리에서 본격적인 상담을 꺼내는 것은 위험천만이다. 차라리 은근

한 비유법이 좋다. 그래야 그 자리가 유쾌해질 수 있다.

중국인들은 술을 무척 좋아하지만, 만취해서 추태를 부리는 경우는 볼 수 없다. 화교의 경우는 더욱 철저하다. 화교는 단결과 상부상조를 무엇보다도 중시시하기 때문에 술을 많이 마시고 질서를 어지럽히는 자는 곧장 추방해 버린다.

따라서 우리처럼 술자리에서 저지른 실수를 너그럽게 봐주는 관습은 없다.

중국의 술이라면 흔히 고량주를 떠올리게 된다. 이는 수수로 빚은 술인데 우리나라의 '소주'처럼 중국에서도 흔하다.

또 배갈이라는 술도 있다. 중국어로는 빠이깔이라고 하는데 중국 북방 지방에서 고량주를 일컫는다. 이를테면 고량주의 또 다른 이름인 셈이다.

북부 지방은 워낙 춥기 때문에 그들은 독한 술을 즐겨 마셨다. 중국 배갈의 대표는 단연 하얼빈의 고량주를 꼽는다. 이 고량주는 60도나 되어 불을 붙이면 새파란 불꽃을 일으킨다. 그러나 보기에는 아름답지만 마시면 속에서 불이 난다.

11
지전

교도소에서 가장 많이 쓰이는 말은 '유전무죄, 무전유죄'라고 한다.

중국에서도 이와 비슷한 말이 있다. 중국인들은 무척 돈을 밝히니 어찌 보면 당연한 일이다.

하지만 한 가지 다른 점은 '죄'가 아니라 '귀신'이다. 즉, 중국인들은 '돈만 있으면 귀신도 마음대로 부릴 수 있다'고 생각한다.

돈에 대해 집착이 강했던 민족이 바로 중국인들이다. 그들은 또한 수많은 재신財神을 섬기고 있다. 그들은 신에 대해 독특한 관념을 갖고 있다. 즉, 인간의 연장으로 생각한다.

그들은 사람이 죽으면 신이 되며, 신과 인간은 대화가 가능하다고 믿는다.

이 소박한 믿음에서 나온 것이 곧 지전紙錢이다. 지전은 말 그대로 종이로 만든다.

하지만 여기서 말하는 지전은 지폐를 뜻하는 것이 아니고 종이를 돈과 같은 모양으로 잘라서 돈 대신 사용하는 종이를 말한다. 지폐에도 액수에 따라 크기와 무늬가 각기 다르듯이 지전도 물론 등급이 있다.

금지金紙와 은지銀紙가 그것인데, 물론 금지가 은지보다 더 낫다. 조상의 제사나 명절 때, 음식을 푸짐하게 차리고 종이돈을 태운다.

이 행사를 '사오진'이라고 하는데 한 마디로 귀신에게까지 일종의 금전 공세를 펼쳐 귀신을 구워삶는 의식이다.

이렇게 쓸모가 많으므로 지전을 만드는 기업도 어엿하게 존재한다.

전설에 따르면 지전의 유래는 한나라 때 채륜蔡倫으로부터 비롯되었다고 한다. 채륜은 세계 최초로 종이를 발명한 사람이다.

그의 발명품은 세계적인 특허품으로써 떼돈을 벌었을 것이나, 불행하게도 세상을 잘못 만난 탓에 그는 여전히 가난뱅이로 지냈다고 한다.

그의 집에는 돈은커녕 썩은 종이더미가 가득했을 뿐이었다. 그러니 그 부인이 가만히 있겠는가!

부인의 바가지가 날이 갈수록 심해져 채륜은 차라리 죽고 싶은 심정이었다. 괴롭다 못해 한 가지 묘안이 떠올랐다.

어느 날 채륜은 관을 사 와서 그 속에 누웠다. 밭에서 일하다

들어온 부인이 이를 보고 정말로 채륜이 죽은 줄 알고, 대성통곡을 했다.

아무리 밉다 해도 내 남편이 아닌가. 통곡을 하다가 부인은 방 안 가득 쌓인 종이에 눈길이 갔다. 부인은 그 즉시 종이를 집어다 관 앞에서 태우면서 온갖 저주를 퍼부었다.

"이놈의 종이야말로 원수로다! 태워 없앨 테니 돈으로 변해 저승에 가 있는 남편이 이승에서 못다 한 부귀영화를 실컷 누리도록 하려무나."

그런데 종이를 다 태우고 나자 채륜이 관 속에서 부스스 일어나는 게 아닌가. 그리곤 부인과 위로하러 온 조문객들에게 말했다.

"염라대왕께서 돈을 너무 많이 가져왔다고 칭찬하시면서 다시 돌려보내더군."

이러한 소문은 삽시간에 퍼져 나갔다. 그리고 이때부터 지전이 널리 사용되었다고 한다. 물론 이 이야기는 전설에 불과하다.

하지만 제사에 지전이 사용된 데에는 나름대로 이유가 있다.

죽음에 대해서는 어느 누구도 확실하게 증명해 보일 수가 없다. 과학이 최고로 발달된 오늘날에도 죽음의 비밀은 절대로 풀 수 없는 비밀이다.

그래서 중국인들은 죽음을 이승에서 저승으로 이사 가는 것쯤으로 생각하게 되었는지도 모른다. 그렇게 함으로써 공포감을 떨쳐 버리자는 심리에서 말이다.

그러므로 중국인들은 사람이 죽어 귀신이 되어도 또 하나의 인간으로 여긴다. 따라서 이승의 음식을 차려 제사를 지내고, 평소 고인이 사용했던 온갖 물건도 고스란히 묻어 주었다.

이것이 바로 순장의 유래이다.

이 순장의 유래는 멀리 은나라 때부터 있었다고 한다. 당시 귀족들은 산 사람까지도 함께 묻었다.

그러나 그것은 매우 잔인한 일이었으므로, 춘추 시대로 접어들면서 흙이나 나무로 사람의 모양을 만들어 묻었다. 이것을 토용이나 목용이라 한다.

진 시황의 무덤이 발굴되었을 때 수천 점의 토용이 출토되어 세상을 깜짝 놀라게 한 것은 너무도 유명한 일이다.

이로써 지전의 유래가 한나라 때부터였음이 분명하다. 지금도 중국에는 지전을 태우는 풍속이 성행하고 있다.

명절 때만 되면 이 풍속으로 온통 떠들썩하다. 이것은 중국인들만의 독특한 문화임에 틀림없다.

12
신기한 물건은 확보해 둔다

기원전 3세기, 세계 최초의 대자본가로서 여불위라는 상인이 있었다. 그는 그 누구도 상상하지 못한 교활한 방법으로 재상에 올라 절대적인 권력을 휘둘렀다.

지금까지 무려 2천 년 이상의 세월이 흐르는 동안 중국은 물론 세계 어느 나라에서도 최고 권좌에 앉았던 상인은 오직 여불위밖에 없다. 이 사실은 중국 상인들에게 야릇하고 황홀한 감정을 안겨 주고 있다.

여불위는 소금과 비단, 보석 장사로 거부가 되었다. 어느 날 조나라의 수도인 한단에 들렀다가 당시 볼모로 잡혀 와 있던 진 나라의 왕자 자초를 우연히 만나게 되었다.

상업의 귀재였던 여불위의 눈에 비친 자초는 값비싼 보석과 다름없었다.

"음, 이 사람에게 투자해 볼 만하군……."

그때부터 그는 자초에게 자신의 첩을 바치고 조나라와 진나라에 금전 공세를 펼치기 시작했다. 나중에 자초가 귀국하면 왕위에 앉히기 위해서였다.

과연 그의 계획은 적중하여 후에 자초는 진나라의 왕이 되었다. 여불위가 자신의 첩을 바칠 때는 그녀는 임신 중이었는데, 후에 아들을 낳으니, 그가 곧 유명한 진 시황이다. 그러니 진 시황은 여불위의 수중으로 들어오게 되었다.

그 후 그가 부귀와 영화를 누렸음은 물론이다. 한마디로 말해 여불위는 희대의 투기꾼이었던 것이다.

'귀한 것이 극에 달하면 도리어 보잘것없어지고, 보잘것없는 것이 극에 달하면 귀해진다'는 격언이 있다. 어떤 사물이 극에 달하면 반드시 그 반대쪽을 향해 움직인다는 말이다.

물건을 값이 비쌀 때 내다 팔고, 값이 쌀 때는 사들여야 한다. 그러나 이를 실행하려면 어느 정도의 지식과 소양을 갖추고 있어야 한다.

물건을 식별할 수 있는 혜안을 갖추지 않을 때는 아무런 효력을 발휘하지 못한다. 여기에 프랑스에 살고 있는 화교 성지범 여사의 경험담을 소개한다.

1970년, 성 여사는 파리의 시장을 돌아다니다가 우연히 은으로 만든 머리핀을 발견했다. 문화재에 소양이 깊은 그녀는 그것이 1900년에 제작된 희귀품이라는 것을 단번에 알았다.

그녀가 그 머리핀을 사들였음은 두 말할 필요가 없다. 당시 프랑스에는 동양 문화의 열풍이 세차게 불고 있었는데, 그 머리핀은 흰 국화를 본뜬 것으로 일본인들이 몹시 좋아하는 것이었다.

성 여사가 머리핀을 구입할 당시의 가격은 아주 쌌다. 아무도 그 값어치를 몰랐기 때문이다.

그녀는 파리의 벼룩시장을 샅샅이 뒤져 그와 똑같은 머리핀을 모조리 사들였다. 그러자 성 여사의 이 행동에 대해 사람들은 고개를 갸우뚱거렸다.

1973년, 파리의 한 골동품상이 이 머리핀의 가치를 깨닫고 이곳저곳을 찾아다니며 사려고 했다. 하지만 파리의 그 어느 시장에도 물건이 있을 리가 없었다. 머리핀은 삽시간에 높은 값의 보물이 되었다.

13
장례식과 결혼식은 최대한 성대하게 치른다

이것은 중국 본토인이나 화교 사이에서도 뿌리 깊게 박혀 있는 생각이다. 먼저 장례식부터 살펴보기로 하자.

중국인의 마음속에는 선산 아래에서 자손을 지키며, 그곳에 뼈를 묻고자 하는 사상이 깊이 자리 잡고 있다. 즉, 조상이 묻힌 땅에서 죽어 그곳에 자기도 묻혀야 한다는 염원을 갖고 있다.

그래서 중국인들은 효도의 가장 근본이 조상숭배라고 생각한다. 맹자의 가르침에도 최대의 불효는 자손이 없는 것이라고 했다. 그것은 조상의 제사를 지낼 수 없기 때문이다.

이것은 우리나라도 마찬가지다. 또한 부모의 장례식을 정성껏 성대하게 치르는 것도 효도의 하나라고 생각한다. 특히 고향을 떠난 화교는 더하다.

그래서 장례식을 위해 부동산을 모두 팔았다는 화교도 있을 정도다. 성공하면 고향에 돌아가서 조상의 사당과 분묘를 지키겠다는 꿈을 갖지 않은 화교는 없을 것이다. 장례식은 전통에 따라 여러 날 밤을 새우고 성대하게 거행한다. 때로는 며칠씩 걸리는 경우도 있다.

부모의 장례식을 제대로 치르지 못하는 사람은 주위 사람들로부터 불효자로 손가락질을 받을 뿐만 아니라 신용을 잃어 거래처까지도 놓치게 된다.

방콕에서 성실하게 일해 한 푼 한 푼 모아 둔 돈을 부모의 장례식에 아낌없이 다 써버린 청년이 화젯거리가 된 적이 있었다. 그 부모를 생각하는 효심에 감동한 한 재벌 화교가 스스로 그 청년의 후원자로 나섰다.

"내가 얼마든지 도와줄 테니 자네가 무엇이든 하고 싶은 일이 있으면 시작해 보게나. 자네 같은 효심이 있다면 무엇이든지 잘 해낼 수 있을 거라고 나는 믿네."

그것이 계기가 되어 그 청년은 사업을 넓혀 큰 성공을 이룰 수 있었다고 한다.

결혼식 또한 가능한 한 성대하게 치르는 것이 중국인의 관습이다. 호화 결혼식 때문에 빚까지 지는 우리의 사정과 비슷하다. 우리처럼 결혼식의 연회비를 포함한 모든 비용은 신랑·신부측이 똑같이 부담한다.

하객들은 현금으로 축하의 마음을 전한다. 현금으로 축하하는 이유는 결혼 비용에 조금이라도 보탬이 되게 하기 위해서다.

그런데 축의금을 낼 때 꼭 유념할 것이 있다. 즉, 축의금은 반드시 짝수로 해야 한다. 이를테면 1만 원이나 3만 원은 안 되고 반드시 2만 원이나 4만 원을 해야 한다.

반대로 장례식 때는 홀수로 해야만 한다.

중국인의 결혼식에서 우리처럼 엄숙하고 긴장되는 의식은 찾아볼 수가 없다. 우리나라처럼 따로 마련된 예식장도 없다.

그들은 음식점을 이용한다. 하객에게는 음식점의 약도와 전화번호가 적힌 청첩장을 보낸다.

축의금을 들고 간 하객들은 산해진미를 마음껏 먹는다. 그들의 결혼식 비용은 음식점의 식사 비용으로 거의 다 지출된다.

식사가 진행되면 신혼부부가 나타나 하객들에게 인사를 올리는 것으로 결혼식은 간단하게 끝난다. 규모가 큰 결혼식은 야외에서 올린다. 물론 이러한 광경은 대륙에서는 거의 찾아보기 힘들지만 타이완이나 홍콩, 그리고 싱가포르에서는 얼마든지 볼 수 있다.

그래서 조립식 식탁을 전문적으로 대여해 주는 사업이 대성황 중이다. 보통 한 탁자에 10명이 앉을 수 있는데 3백 석 정도는 준비해야 체면이 선다.

어느 날 타이완의 어느 고관의 아들이 결혼했는데 무려 3천 석이 마련되었다고 해서 화젯거리가 된 적이 있었다. 하지만 너무 성대하다고 비난하는 사람은 아무도 없었다.

14
싸우기 전에 일을 도모한다

무석시의 농민 기업가 허복민은 하천의 물을 끌어들여 양식장을 만들었다. 그는 이 과정에서 생태계의 먹이사슬의 원리를 활용했다.

그는 양식장을 만들기 전에 이미 소와 오리를 기르고 있었다. 그래서 소와 오리의 배설물을 양식장으로 흘려보내 플랑크톤이 살 수 있는 조건을 마련했다.

또한 물고기를 입체적으로 양식했다. 즉, 물 위쪽에서는 민물 청어를, 아래쪽에서는 붕어를 양식했다.

그는 수면을 적당하게 활용한 것인데, 이는 한 가지 어종만 양식하는 것보다 양과 수익 면에서 배 이상의 이익을 남길 수 있었다. 외국의 양식 전문가들도 허복민의 양식장을 둘러보고는,

"아시아에서 가장 모범적인 양식장이라 할 수 있습니다."
라고 감탄하였다.

그의 오리 사육도 다른 곳과는 달랐다. 알을 낳는 오리만을

사육했던 것이다.

일반 오리는 몇 원에 불과하지만, 알을 낳는 오리는 30원씩에 팔렸다. 그리고 오리알을 피단오리알로 만드는 요리의 일종으로 송화단이라고도 함으로 가공하여 팔아 배 이상의 이익이 추가되었다. 그것뿐이 아니다.

그는 베이징의 유명한 카오야구운 오리로 만드는 요리의 일종가 수익성이 좋다는 정보를 듣고 동료들과 동업하여 카오야 식당을 차리기로 했다. 베이징의 카오야는 통통하게 살찐 것으로 유명하다.

그러나 허복민의 영국 품종 오리는 기름기가 적어 그가 차린 무석 카오야관이라는 식당은 늘 사람들로 항상 북적거렸다.

그는 불과 1년 만에 5백만 원의 수익을 올렸다. 또한 오리의 내장과 간은 외국으로 수출하여 외화를 벌어들였다.

1987년 6월, 어느 날 허복민은 호주를 방문했다. 거기서 그는 한 농장 주인이 급히 농장을 팔려고 헐값에 내놓았다는 정보를 입수했다.

꼼꼼하게 현지를 조사한 다음 허복민은 무석시 당국에 매입 허가를 요청했다. 무석시에서 유명한 그를 당국에서 무시할 리가 없었다.

얼마 후에 호주의 농장은 목장으로 변모해 갔다. 1천 2백만 평에 달하는 그 광활한 땅에 허복민은 양을 대량으로 방목했다.

오늘날 이 목장은 무석시의 모직공업의 원료기지가 되었다.

허복민은 『손자 병법』 〈시계편〉에 나오는 유명한 경구 '싸우기 전에 꾀하라'를 철저하게 지켜 사업에 성공했다. 그는 경영 면에서 싸우기 전에 먼저 꾀하고, 꾀한 후 싸운다는 원칙을 굳게 견지한 인물이다.

사업에 있어서 가장 중요한 것은 치밀한 계획이다. 사업이 합리적으로 성립하기 위해서는 다음의 다섯 가지를 유의해야 한다.

① 도道 즉, 명분이다. 그 사업이 사회 발전을 위해서 필요성이 있는가?
② 하늘이다. 그 사업이 시대에 어느 정도 적합한가?
③ 땅이다. 그 사업이 사회적으로 어느 정도 적합한가?
④ 장수이다. 사장 이하 간부진의 인격과 지략이 어느 정도인가?
⑤ 법法, 즉 운영방침이다. 그 사업의 조직과 운영방침이 사업을 하는 데 있어 어느 정도 적당한가?

이상을 오사五事, 즉 다섯 가지를 근본문제라 하는데, 사업을 하는 데 있어 먼저 이 다섯 가지가 모두 합리적이어야 한다.

허복민은 이를 잘 지켜 성공적으로 사업을 일으켰다고 할 수 있다.

15
자신의 허물을 솔직하게 드러낸다

'**왕** 노파가 자기의 참외를 팔면서 자화자찬한다.'
'자기 참외 달지 않다는 참외 장수 없다.'

이 말은 중국에서 널리 쓰이는 속담이다. TV광고에서는 계속 '품질과 성능이 최고'라느니, '전 세계적으로 유명'하다느니 하면서 떠벌린다. 그러나 그런 과장이 계속되면 고객들은 식상하게 되고, 마침내 상품 자체를 의심하게 한다.

'자기 집 허물을 밖으로 드러낸다'는 중국 상인의 상술은 그와 반대되는 효과를 가져다준다. 그것은 직접 소비자의 입장에 서서 고객을 생각하는 상술이다.

물론 이것을 실행하려면 큰 용기가 필요하다.

남북조 시대에 맹신이라는 사람이 있었는데 농사철이면 농사를 짓고, 농한기에는 장사꾼으로 열심히 살았다. 그러나 집안은 여전히 가난을 면할 수가 없었다.

어느 날, 맹신은 멀리 장사를 떠났다. 며칠 후 남편 대신 집안을 꾸려 가던 아내는 쌀독이 빈 것을 보고 한숨지었다.

"벌써 쌀이 떨어졌으니 어쩌면 좋지?"

그때 아들이 다가와서 호들갑을 떨었다.

"어머니, 큰일났어요!"

"왜 그러니?"

"소가 이상해요. 아마 병이 났나 봐요."

맹신의 아내는 놀라 외양간으로 달려가 보니 과연 소가 여물도 먹지 않고 구석에 엎드려 있는 것이 아닌가. 그녀는 저절로 탄식이 흘러나왔다.

"소가 병이 나서 밭일을 못 할 테니 어이할꼬!"

그러자 아들이 냉큼 나섰다.

"어머니, 저 병든 소가 죽기 전에 팔아 버리는 것이 어때요?"

그녀는 잠시 생각하다가 고개를 끄덕였다.

"그러자꾸나. 병이 들어 죽으면 고기도 못 팔 테니 팔아 치우는 게 낫겠구나."

"어머니, 제가 갔다 올게요."

아들은 즉시 소를 끌고 우시장으로 갔다. 마침 농한기가 끝날 무렵이라 우시장에는 소가 매우 귀했다.

"이 소는 힘이 없어 보이는데, 혹시 병든 것이 아니냐?"

소장수가 그의 소를 보고 고개를 갸웃거리자 맹신의 아들은 가슴이 뜨끔했다. 하지만 내색하지 않고 태연히 말했다.

"무슨 말씀을 그렇게 하세요? 집이 멀어서 여기까지 오느라고 피곤해서 그렇게 보일 뿐이에요."

소장수는 약간 의심이 들긴 했지만 워낙 소가 귀한 때라 10냥을 주고 소를 샀다. 소년은 무척 좋아하며 양식을 구해 집으로 돌아갔다.

그날 밤에 맹신이 약간의 돈을 벌어서 집으로 돌아왔다.

"여보, 내가 돌아왔소. 집안에 아무 일은 없었겠지?"

그러자 아들 녀석이 냉큼 나섰다.

"아버지, 소가 병이 나서 제가 팔아 버렸어요. 값도 두둑이 받았어요."

맹신의 얼굴이 순간적으로 변했다.

"아니, 병든 소를 팔았단 말이냐?"

"소장수는 병든 줄 모르던데요."

아들의 태연스런 대답에 맹신은 화를 냈다.

"네 이놈, 병든 소를 멀쩡한 것으로 속여 팔다니 그게 말이나 되느냐?"

호되게 꾸짖는 다음 맹신은 새벽같이 아들을 앞장 세워 우시장으로 달려갔다. 소장수는 아직 팔리지 않은 병든 소와 함께 우시장에 있었다. 맹신은 소장수에게 용서를 빌었다.

"모두가 아들을 잘못 가르친 제 잘못입니다. 너그럽게 용서하시고 소를 저에게 다시 파십시오."

그는 12냥을 내밀었다. 그러자 소장수는 어안이 벙벙했다.

"아니, 나는 열 냥에 샀는데요?"

"두 냥은 사죄의 뜻으로 드리는 것입니다. 그리고 장사를 하시니까 이익을 남겨야 하지 않겠습니까?"

"아니, 이렇게 정직하게 말씀하시는데 어찌 이익을 따지겠습니까? 원금만 주십시오."

소장수가 굳이 사양했으나 맹신은 막무가내였다.

"아닙니다. 두 냥은 여물 값으로 받아 주십시오."

억지로 12냥을 소장수에게 건네주고 맹신은 아들과 함께 집으로 돌아갔다. 소장수는 시장의 상인들에게 입에 침이 마르도록 맹신을 칭찬했다.

"나는 맹신처럼 정직한 사람은 처음 보았소. 그가 하는 말이라면 팥으로 메주를 쑨다고 해도 믿겠소."

이 일이 있고 난 후 맹신의 장사는 탄탄대로였다. 그가 신용 있는 사람으로 소문이 나서 그와 거래하려는 상인이 줄을 이어 불과 몇 년 만에 맹신은 거상이 되었다고 한다.

솔직함은 고객의 신임을 얻는다. 화교 상인은 자기 상품에 흠집이 있으면 고객에게 솔직하게 털어놓는다. 이것이 고객의 신임을 더욱 두텁게 하는 것이다.

16
발 없는 말이 천 리 간다

상인들은 시장을 독차지하기 위하여 경쟁자들과 쟁탈전을 벌인다. 이때 승리를 얻기 위한 방법으로 상대 상품의 약점을 지적하여 부풀리고, 자기 상품의 장점을 돋보이게 하는 방법을 쓴다.

이렇게 하여 상대방 고객의 마음을 빼앗는다면 시장은 손쉽게 손아귀에 들어온다.

허난성 항성현에 있던 한 제약회사가 설탕 공장을 합병했다. 그리고 주구에 조미료 공장을 세웠다. 그들은 매년 소득세를 납부한 뒤 남은 이익을 나누어 갖기로 합의했다.

조미료 공장의 전 직원들은 일심동체로 노력하여 생산량을 높였다. 그러나 시장에 출시한 그들의 상품은 큰 실패를 맛보았다.

다른 회사에서 출시한 상품에 비해 자사의 제품이 단가가 높고 품질도 떨어졌으니 판매가 부진한 것은 당연한 일이었다.

그들은 즉시 계획을 수정하여 상품의 품질을 높이기 위해 온 힘을 기울였다. 그들은 각지의 명성이 높은 교수와 연구원들을 회사에 초빙하여 상품의 문제점을 찾아내기도 했다.

그들로부터 공장의 생산공정을 혁신하는 데 도움을 받고, 새로운 발효법도 독자적으로 개발했다.

그들은 과학적인 관리 방법으로 제품의 생산 단가를 전국에서 가장 낮은 수준으로 끌어내렸다. 그리고 상품의 품질을 최고로 높여 프랑스에서 열린 제12회 식품 박람회에서 금상을 수상했다.

이렇게 되자 조미료 공장 직원들은 모든 문제가 해결되었다고 한시름 놓았다.

"이젠 돈을 쓸어 담는 일만 남았군."

"중국 최고의 조미료는 당연히 우리 회사 것임이 증명되었으니 이제 돈 버는 것은 땅 짚고 헤엄치기지."

그런데 이때 그 누구도 생각지 못한 엄청난 일이 벌어졌다. 그들이 예상한 판매가 이루어지지 않았던 것이다.

조미료 시장도 큰 상점들에 의해 좌지우지되는데 주구에서 생산된 조미료는 진열대에 진열되지 못했던 것이다.

이때 정부에서도 각 지역에서 생산되는 상품을 보호하기 위해 타지역 상품은 아예 발조차 못 들여놓게 공공연히 압력을 가하였으므로 어느 곳에도 호소할 곳조차 없었다.

계속 재고가 눈더미처럼 쌓여 더 이상 방치할 수 없는 단계에까지 다다른 주구 조미료 회사는 긴급조치를 취했다. 우선 자사 제품의 배타적인 시에 건물을 빌려 창고로 개조했다.

그들은 매일 창고 앞에서 자기 회사의 상품과 그 지역의 상품을 동시에 진열했다.

"자, 어서 오셔서 상품을 비교해 보시기 바랍니다. 어떤 제품이 더 깊은 맛을 내는지 한 번 시식해 보십시오. 그리고 가격도 직접 확인해 보시면 그 진가를 깨닫게 되실 것입니다."

주구의 조미료는 다른 회사의 상품보다 품질도 우수할 뿐만 아니라 가격도 매우 쌌고, 프랑스의 식품 박람회에서 금상을 수상했다는 명성도 있었으므로 충분히 경쟁이 된다는 생각에 물건으로 승부를 걸었던 것이다.

처음에는 거들떠보지도 않던 사람들이 하루 이틀이 지나자 하나둘씩 모여들어 마침내 발 디딜 틈도 없이 북적거렸다. 이 소문은 곧장 각지로 퍼져 행상들로부터 주문이 쏟아져 들어왔다.

행상들은 전국 방방곡곡을 돌아다니며 주구의 조미료를 팔았다. 마침내 행상들에 의해 주구의 조미료는 전국을 석권하게 되었다.

이렇게 되기 전에 그 동안에 우여곡절도 많았다. 한 번은 이런 웃지 못할 일까지 있었다.

어떤 시에서는 특정 상표의 조미료가 시장을 완전히 장악하고 있었는데, 그곳에서는 아예 플래카드에 '주구 조미료는 팔

수 없음'이라고 써 붙여 놓기까지 했다.

이에 맞서 주구 조미료는 그 도시의 외곽 지대에서 판매를 시작했다.

시 당국은 자신들의 힘이 미치지 않는 지역이었으므로 단속을 할 수도 없어 속수무책일 수밖에 없었다.

주구의 조미료의 명성은 시외에서부터 시내로 급속히 확산되었고 마침내는 '주구의 조미료의 입성을 환영한다'라는 대형 현수막까지 등장했다.

이렇게 되자 그때까지 독점권을 유지하던 그곳 조미료 회사나 시 당국도 무릎을 꿇지 않을 수 없었다. 한 달 후에 주구의 조미료는 당당히 시내로 당당하게 들어왔다.

17
재신財神의 유래

허베이성 양신현에 재신묘가 있다. 그런데 이 묘는 전국적으로 알려져 전국 곳곳에서 몰려든 참배객들로 그야말로 발 디딜 틈이 없다.

그곳은 수많은 참배객들이 피운 향의 연기 때문에 늘 안개가 핀 것처럼 자욱하기 때문에 재신인들 그 얼마나 피로하고 짜증이 나겠는가.

그래서 이곳에는 어느 시인이 쓴 시 한 수가 기둥에 붙어 있는데 사람들은 고소를 금치 못한다.

이놈도 달라 하고 저놈도 달라 하는구나.
과연 누구를 줘야 할지 나도 모르겠네.
아무 일도 하지 않고
어떤 놈은 꼭두새벽에 찾아오고
또 어떤 놈은 한밤중에 찾아오고

에라 모르겠다
정말 피곤해 못살겠구나.

중국에는 전통신앙이 매우 강하다. 그래서 수많은 신이 있다.

해의 신·달의 신·비의 신·땅의 신·의약의 신·대문의 신, 심지어는 부엌의 신과 화장실을 관리하는 신까지 있다.

중국인들은 돈에 대한 애착이 유달리 강하다. 그러니 돈에 관계되는 신이 없다면 이상한 일이 아니겠는가.

하지만 이상할 것은 없다. 돈에 관계되는 신은 수없이 많다.

이른바 돈을 관장하는 재신財神이 있으니 돈의 신으로 해석하면 되겠다.

중국인들은 누구나 재신을 섬기고 있다. 재신에게도 생일이 있는데 정월 초이튿날이다.

설 기분이 한창일 때의 재신은 아무런 염려가 없다. 중국인에게 있어 설은 가장 큰 명절이다. 그들은 설을 '원단'이라고도 하고 '춘절'이라고도 하는 데 전국적으로 야단법석이다.

그들은 설이 찾아오기 보름 전부터 집집마다 등을 매단다. 아치를 세운다 등 분위기를 고조시키는데, 설이 지나도 이것을 철거하지 않고 정월 대보름음력 1월 15일까지 그냥 놔둔다.

중국인들의 설은 한 달간 계속되는 셈이다. 이것을 모르고 중국에서 공장을 운영하는 우리나라 사람들은,

"아니, 무슨 휴가가 이렇게 길어? 이거 공장을 운영해 먹겠나?"

하고 불평을 늘어놓지만 그들에게는 먹혀들지 않는다.

그리고 각 가정에서는 춘련이라는 것을 붙여 설 분위기에 동승한다. 우리의 '입춘대길'과 같은 것인데 붉은 종이에 덕담을 써서 대문에 붙여 놓는다.

그리고 대문 밖에는 '도부'라는 것을 세워 둔다.

그리고 중국인들도 우리처럼 세뱃돈을 준다. 이때 붉은 봉투에 돈을 넣어 주는데 이것을 '홍 빠오紅色'라고 한다. 세뱃돈뿐만 아니라 축의금도 이것을 사용한다. 그래서 홍 빠오라면 곧 공짜로 받는 돈이라는 관념이 깊이 뿌리 박혀 있다.

1년 중 돈이 가장 많이 왕래하는 설 그 이튿날이 재신의 생일이라는 것이 우연만은 아닐 것이다.

중국은 국토가 매우 넓고 사람 역시 많다. 그러니 섬기는 재신도 각양각색이다.

그러나 최초의 재신은 여원이다. 우리말로 말로 해석하면 여의라는 뜻인데, 곧 무엇이든지 원하는 대로 들어주는 신이다.

특히 양쯔강 유역에 사는 중국인들은 여원을 극진히 모신다. 그들은 매년 정월 초하룻날 줄에 돈을 꿰어서 나무막대 끝에 묶어 분뇨더미를 두드린다.

그렇게 하면 모든 일이 여원한다고 믿기 때문이다.

여기에는 다음과 같은 전설이 전해져 내려오고 있다

옛날 구붕이라는 장사꾼이 있었다. 어느 날 구붕이 평택호를 지나다가 우연히 청홍군이라는 왕족을 만났다.

구붕은 공손하게 인사를 했다. 그의 태도가 워낙 겸손하자 이에 감동한 청홍군이 말했다.

"그대는 참으로 예의가 바르구나. 장사꾼은 도통 예의범절을 모르는데 그대는 다르군. 상을 줄 테니 무엇이든 한 가지만 말해 보거라. 내 기꺼이 들어줄 것이다."

이때 구붕은 청홍군의 여종인 여원을 달라고 했다. 청홍군은 뜻밖의 요청에 매우 당황했지만 왕족인 자신이 이미 약속한 일을 어길 수 없었다.

구붕은 여원을 데리고 집으로 돌아왔다. 그런데 이 여원이 무엇이든지 요구하면 그대로 되는 것이 아닌가.

"오늘은 백 냥을 벌어야겠다."

구붕이 농담 삼아 여원에게 말하면 그녀는 고개를 끄덕이며 공손하게 말했다.

"아마도 그렇게 되겠지요."

그런데 그녀가 장사하러 나가면 반드시 백 냥을 버는 것이었다. 그래서 구붕은 순식간에 거부가 되었다.

그런데 몇 해 후 정월 초하룻날, 여원이 늦잠을 자는 바람에 늦게 일어났다. 구붕은 화가 나서 그녀를 마구 때렸다.

매질에 못 견딘 여원은 분노더미에 들어가 숨었다.

"어서 이리 썩 나오지 못해! 못된 년 같으니라고."

구붕은 분뇨더미를 몽둥이로 계속 때리면서 씩씩거렸지만 여원은 끝내 나타나지 않았다.

 이때부터 구붕의 재산은 썰물처럼 빠져 나가 마침내 알거지가 되었다.

 마침내 이 이야기는 중국 전역으로 퍼져나가 마침내 여원을 재신으로 섬기게 되었다고 한다. 물론 이 이야기는 전설이다.

 요즘의 중국인들은 분뇨더미를 두드리지 않지만 설 명절 동안에는 집안의 청소를 하지 않는다. 또한 쓰레기도 밖에 내다 버리지 않는다. 여원이 혹시 그 속에 숨어 있을지도 모르니까.

18
발이 빠른 자가 먼저 얻는다

『사기』〈회흠후 열전〉에 보면 '진나라가 사슴을 잃어버리자 천하가 모두 그것을 잡으러 나섰는데, 마침내 키 크고 발 빠른 자가 차지했다'는 말이 나온다.

이 말은 고대의 유세객 괴통이 한 말이다. 기원전 3세기 말엽, 한나라의 왕 유방은 명장 한신으로 하여금 제나라를 공격하여 제 나라의 왕 전광을 크게 무찔렀다. 이때 한신은 자신이 제 나라 왕이 되겠다고 유방에게 청원했다.

유방은 한신이 혹시 역심을 품을까 두려웠으나 일단 제왕에 봉해 주었다. 이때 한신의 명성과 위세는 유방을 능가할 정도였으므로 그는 반대할 수도 없었다.

그러자 유세객으로 와 있던 괴통이 한신에게 말했다.

"이제 독립하십시오. 초나라의 항우, 한 나라의 유방과 함께 천하를 3분한 다음 천하 통일을 꾀하십시오. 제왕께서는 능히 그럴 만한 능력이 있습니다."

하지만 이때 한신은 유방이 자기를 융숭하게 잘 대해 주고 있다고 판단하여 괴통의 말을 듣지 않았다.

그는 계속 유방을 위해 전쟁에 나아갔고, 마침내 항우가 죽음으로써 한나라가 천하를 통일할 수 있게 했다.

그런데 그때부터 유방은 한신을 믿지 않았다. 그는 한신이 거느린 군사들을 빼앗고 임지도 옮겨 초왕으로 봉했다. 그런 다음 그를 다시 수도인 낙양으로 불러들여 작위를 깎아 회음후에 책봉했다. 그러자 한신이 어찌 가만히 있겠는가.

그는 몰래 진오와 반란을 모의했다. 진오가 반란을 일으키자 유방이 몸소 진압하러 떠났다. 이때 한신은 몸이 아프다는 핑계를 대고 조정에 나가지 않았다. 내부에서 진오와 약속한 대로 반란을 일으킬 심산이었다. 그러나 이 일이 유방의 아내 여후에게 발각되어 사형에 처해지고 말았는데, 죽음을 앞두고 한신은 이렇게 탄식했다.

"내가 괴통의 말을 듣지 않은 것이 천추의 한이로다. 이렇게 아녀자의 손에 죽게 되다니······."

유방은 한신의 죄를 조사하다가 괴통이 그에게 반란을 선동했다는 것을 알았다. 그는 즉시 괴통을 잡아들여 사형에 처하려고 했다

그러자 괴통이 말했다.

"진나라가 멸망할 때 각지의 제후들이 모두 들고 일어났습니다. 통치권을 잃은 진 왕조는 마치 주인 없는 사슴과 마찬가지

였습니다. 그러니 모두가 나서서 사슴을 잡으러 나섰지요. 하지만 재주 있고 행동이 민첩한 자가 먼저 잡는 것은 당연한 이치입니다. 개는 그 주인을 위해 삽니다. 당시 저는 한신만을 알았지 한왕은 몰랐습니다. 당시는 형세가 몹시 혼란스러웠고, 모두가 천하를 탐냈던 때입니다. 그런데 어째서 저를 죽이려고 하십니까?"

그러자 유방은 일리가 있다고 여겨 괴통을 풀어주었다고 한다.

신속하게 정보를 수집·전달하고, 상품을 빠르게 개발하고, 또한 상품을 회전시켜 시장에 출시하는 것은 사업의 성공에 필수 조건이다. 중국인은 겉보기에는 느릿느릿하고 무척 둔한 것처럼 보인다. 그러나 그들은 일단 장사에 나서면 빠르기가 전광석화와 같다. 여기 유명한 실화가 있다.

남북조 시대 북위에 유보라는 정육점을 하는 상인이 있었다. 그는 남보다 열심히 장사를 하여 제법 많은 돈을 모을 수가 있었다. 어느 날 그는 문득 이런 생각을 했다.

'이렇게 한 곳에서 장사를 해 봐야 큰돈을 모으기는 틀렸다. 전국을 돌아다니며 장사한다면 더 많은 돈을 벌 수 있을 거야.'

그는 즉시 마차를 구입하여 전국을 떠돌아다니며 장사를 했다. 특히 각지의 특산품을 다른 지방에 옮겨 파니까 상품을 내놓기가 무섭게 팔렸다. 몇 년이 지나자 유보는 전국에서 알아주는 큰 부자가 되었다. 하지만 그는 그것에 만족할 수가 없었다.

그는 시장의 정보를 남보다 더 빨리 파악하기 위해 전국 각지에 지점을 설립하고 오랫동안 자기 밑에서 일한 점원들을 그 지점의 책임자로 임명해 수시로 그곳의 사정을 보고하도록 했다.

어느 해, 강남에 큰 홍수가 나서 양쯔강 유역이 온통 물바다로 변했다. 마침내 물이 빠지자 강남 주민들은 엉망이 된 땅을 새로이 일구기 위해 땀을 흘렸다.

그런데 삽이나 곡괭이 같은 농기구가 몹시 부족하였다. 사방에서 농기구가 부족하다고 아우성들이었으나 농기구 가게의 재고품은 이미 바닥이 나 있었다.

그런데 이때 기쁜 소식이 들려 왔다.

"유보네 가게에 농기구가 산더미처럼 쌓여 있다!"

이러한 소문은 삽시간에 퍼져 사람들은 곧장 유보네 가게로 몰려들었다. 과연 거기에는 농기구가 산더미처럼 쌓여 있었다.

이것은 이미 각 지점을 통해 정보를 입수한 유보가 급히 강북에서 배로 실어 온 농기구들이었다.

유보는 정보를 입수하자마자 농기구 값이 싼 산둥에서 물건을 구입하여 밤낮을 가리지 않고 운반했다. 물론 농기구는 날개 돋힌 듯 팔렸고, 이때 유보는 큰 이윤을 남겼다.

하지만 그는 농기구 값을 예전의 가격으로 팔아 폭리를 취하지 않았다고 한다.

19
남의 옥으로 내 옥을 다듬는다

잘 아는 중국인으로부터 다른 사람을 소개받을 때, 그가 소개장을 써 주는 경우는 거의 없다고 해도 과언은 아니다. 그리고 웬만한 경우가 아니면 다른 사람을 소개하는 경우가 드물다. 혹시 소개하더라도,

"제 친구입니다."

하는 말보다는

"상하이에서 오신 왕씨입니다."

하는 정도이다. 이 점을 중국에서 장사하는 한국 상인은 꼭 유념해야 한다.

친구의 친구는 내 친구가 되는 것인데, 친구가 아무개 분이라고 소개하게 되면 친구가 아닌 것이다. 이렇듯 구분이 쉽게 된다.

그러므로 소개장의 효력은 마치 그 친구가 같이 온 것과도 같은 위력이 있다. 내가 못 가는 대신 소개장을 보내니 나를

본 듯이 대하라'는 의미로 받아들여진다.

청나라 때 유명한 미술상이었던 호시문은 원래 비단장사꾼이었다. 그는 그림을 보는 안목이 깊었다.

옛날에는 그림을 비단에 그리는 경우가 많았기 때문에 고서화를 접하는 기회도 많았다. 그건 비단을 주문하는 화가의 집에 가면 몇 점의 그림 정도는 쉽게 감상했기 때문이다.

호시문은 몇 년 동안 비단장수를 했지만 별로 돈을 모으지 못했다. 그러던 어느 날, 장사하러 소쑤저우에 왔다가 길거리에서 골동품을 늘어놓고 파는 사람을 우연히 만났다.

그런데 그 많은 골동품 중에서 그림 한 점이 눈에 들어왔다.

'저것은 장승요의 그림이 아닌가!'

때가 몹시 찌들었지만 호시문의 눈에는 그 그림은 남북조 시대 때 양 나라의 천재 화가로 '화룡점정'이라는 전설을 남긴 장승요의 작품이 틀림없었다.

"이 그림은 얼마요?"

호시문이 묻자 상인은 100냥을 불렀다.

"내가 돈을 가지고 올 테니까 잠시 기다리시오."

그는 상인에게 말하고 호시문은 급히 비단가게로 가서 자신이 갖고 온 비단을 헐값에 팔았다.

그림을 사 가지고 집으로 돌아온 호시문은 맨 먼저 표구집을 찾아갔다. 며칠 후, 깨끗하게 표구된 그림을 들고 그는 어느 재상을 찾아갔다. 그 재상은 그림 수집가로 유명한 사람이었다.

"재상나리를 뵙고자 합니다."

호시문이 요청했으나,

"우리 나리가 얼마나 바쁘신 분인데 장사꾼을 만나?"

하며 호통 치는 집사에게 쫓겨났다. 하지만 호시문은 단념하지 않고 대문 앞에서 한참 동안 기다리고 있다가 퇴궐하는 재상의 가마 앞으로 달려갔다.

"나리께 아뢸 말씀이 있습니다!"

이때 하인들이 막으려 하자 재상이 만류했다.

"그만 놔 둬라. 그래, 무슨 일인고?"

"나리께서 옛날 그림을 좋아하신다기에 제가 그림 한 폭을 가져왔습니다."

옛날 그림이라는 그의 말에 재상은 두 말 않고 호시문을 안으로 들어오게 했다. 그리곤 그가 내놓는 그림을 한참 동안 쳐다보더니 탄성을 질렀다.

"이것은 정말 틀림없는 장승요의 명품이구나! 그래, 얼마면 내게 팔겠느냐?"

"은자 천 냥만 주십시오."

그러자 재상은 입맛을 다시더니 이렇게 말했다.

"저번에 그림을 사느라고 다 써버려서 5백 냥밖에 없네. 그 대신 내겐 필요치 않은 그림 열 폭이 있으니 나머지 5백 냥은 그걸로 대신 가져가는 게 어떻겠나?"

"그렇게 하지요."

그는 이미 다섯 배의 이익을 남겼고 더구나 열 폭의 그림까지 공짜로 얻었으니 두 말하지 않고 재상이 내주는 돈과 그림을 받아 챙겼다.

작별 인사를 하면서 호시문은 한 가지 부탁을 하였다.

"나리께서는 발이 꽤 넓으시니 그림을 좋아하는 친구분께 저를 소개해 주시지 않겠습니까?"

싼값에 명화를 얻은 재상은 흔쾌히 소개장을 써 주며 말했다.

"사소산이라는 친구가 있는데 부자여서 씀씀이가 넉넉하지. 그림 감상을 좋아하지만 안목이 부족하다네. 이 소개장을 갖고 그를 찾아가서 만나 보게나."

"정말 고맙습니다."

이튿날 저녁때, 호시문이 그를 찾아가자 부호인 사소산이 반갑게 맞이했다.

"친구가 소개했으니 내 이 그림들을 몽땅 사겠네. 만 냥이면 팔겠나?"

사소산은 호시문이 갖고 간 열 폭의 그림을 가리키며 말했다. 호시문으로서는 꿈에도 상상하지 못했던 거금이었다.

그 자금으로 호시문은 화랑을 차려 몇 년 후에는 외국에까지 이름이 알려져 대 미술상이 되었다.

이것은 오로지 수집가로 이름이 높은 재상이 써 준 소개장 덕분이었다.

20
전통적인 사고에서 벗어나라

하이난도에 손회소라는 가축업자가 있었다. 그는 1982년부터 오리를 길렀는데, 오리가 3~4킬로그램 정도가 되면 시장에 내다 팔곤 했다.

그런데 처음 그의 생각과는 반대로 오리 장사는 잘 되지 않았다. 구경하는 사람은 많았지만 어찌된 일인지 모두 입맛만 다시고 돌아서는 것이었다. 마침내 손회소는 그 이유를 깨달았다.

'이제 보니 오리가 너무 커서 잘 팔리지 않았구나.'

살이 통통하게 쪄서 무게가 많이 나가면 좋긴 하지만 그만큼 값이 비싸므로 그는 이제까지 해 온 경영방식을 완전히 바꾸었다. 즉, 큰 오리 대신 작은 오리로 상품을 바꾸었다.

오리가 1~3킬로그램 정도가 되면 즉시 시장에 나가 팔았다. 그러자 장사는 오리가 없어서 못 팔 정도로 호황이었다.

그리고 그는 농민들이 제철이 아닌 때 야채를 심어서 많은 돈을 벌고 있다는 사실을 알게 되었다.

이때 손회소는 회심의 미소를 지었다. 그리고는 오리가 가장 귀한 시기인 겨울과 봄철에 장사하여 큰 성공을 거두었다.

그는 지혜를 인용하여 여름과 가을을 피하였던 것이다. 여름과 가을은 오리가 대량으로 쏟아지니 그 값이 가장 쌀 수밖에 없었다. 그래서 그는 장사 방법을 완전히 바꾸었던 것이다.

소회소는 어느 규율이나 법칙에 얽매이지 않고 특별하면서 희소가치가 매우 높은 것을 추구하여 성공을 얻은 것이다.

중국 상인들은 눈앞의 이익에만 매달리는 경우는 매우 드물다. 그들은 좀 더 시·공간 위에서 시장의 상황을 파악하고, 고객이 필요로 하는 것이 무엇인지를 재빠르게 포착한다.

또한 남이 미처 생각하지 못한 때에 예기치 못한 상품을 내놓아 고객을 끌어들인다.

정상적이 아닌 그 반대의 방법으로 상품을 개발하거나 판매하는 방법을 다음에 소개한다.

시기를 역으로 이용하라

이것은 제철이 아닌 상품을 출시하는 것을 말한다. 겨울에는 여름 상품인 에어콘을, 여름에는 모피코트 같은 겨울 상품을 출시하는 경우는 가장 흔한 사례일 것이다.

그러나 이것은 우리나라에서 흔히 볼 수 있는 '바겐세일'과는 근본적으로 다르다. 바겐세일은 재고 상품을 싸게 파는 것이다.

그래서 이 경우에는 찾아오는 고객도 적겠지만, 좋은 상품을 개발하는 경영자는 더욱 적다. 하지만 고객의 구매 심리에 맞추어 제철이 아닌 때 물건을 출시하게 되면 의외로 히트할 경우가 있다. 이때 중요한 점은 고객은 적지만 가격의 결정에 선택의 여지가 매우 높다는 것이다.

사람의 심리란 묘해서 어떤 상품이 잘 팔려 물건이 얼마 없으면, 소비자는 그 상품을 사지 못할까 봐 조바심을 내기 마련이다.

우리나라에서는 몇 년 전 여름철에 밍크코트가 불티나게 팔려 나간 경우가 그 전형적인 사례에 속한다.

과거로 돌아가라

중국인들이 가장 이상적으로 생각하는 시대는 바로 요순 시대이다. 이것은 단지 전설에 불과하여 중국인들은 마치 종교처럼 떠받든다. 그들에게는 그 시대가 최고 이상의 시대로 생각되는 것이다.

요임금과 순임금은 인간적인 면을 많이 지니고 있었을 뿐만 아니라 백성들을 근심 없이 잘 먹고 잘 살게 해 주었다. 그래서 중국인들은 그 시대의 태평성대를 잊지 못하여 옛 물건을 좋아하는 풍조가 생겨났다.

명나라 때의 공지교의 모조 고금의 일화는 너무도 유명하다.

명나라 때 공지교라는 유명한 비파 제작자가 있었다. 어느 날 그는 길을 가다가 산기슭에서 눈에 번쩍 뜨이는 오동나무를 발견했다. 그는 곧 그 오동나무를 베어 와서 자신의 모든 기술을 총동원하여 비파를 만들어 냈다.

자신의 작품에 너무도 흡족한 공지교는 곧장 비파를 들고 승상을 찾아 갔다. 웬만한 사람은 만나 주지 않던 승상이었지만 공지교만은 승상이 직접 맞아들여 접대했다.

"오랫만이네. 그 동안 많이 바빴었나 보네?"

"예, 승상나으리. 좀 바쁜 일이 있었습니다."

공지교는 말을 마치고는 가지고 간 비파를 내밀었다.

"오랫동안 찾아 뵙지 못한 것은 소인이 이 비파를 만드느라 시간이 없었기 때문입니다. 제가 온갖 심혈을 기울여 만들었다고 감히 자부하오니 받아 주십시오."

"허허, 뭘 이런 걸 다……."

선물에 화를 낼 사람이 세상에 어디 있겠는가. 승상은 비파를 자세히 훑어보고는 그 모양에 감탄하며 데리고 있는 악사를 불러오게 했다.

"자네가 보기에 이 비파는 어떠한가?"

줄을 몇 번 퉁겨 보던 악사가 시원찮은 투로 대답했다.

"글쎄요……. 음질도 좋고, 재목도 좋은데……."

"그런데?"

"오래된 옛날 비파가 아닌 것이 무척 아쉽군요."

악사의 말에 승상의 표정이 갑자기 변했다. 그리고는 공지교에게 퉁명스럽게 말했다.

"그 비파는 자네나 집에 가지고 가서 타게."

승상에게 냉대를 받고 쫓겨난 공지교는 그 동안 자신의 노력이 모두 허사가 되었다는 게 도무지 믿어지지 않았다. 그는 가슴이 쓰리고 몹시 아팠다.

"단지 옛날 비파가 아니라는 이유로 심혈을 기울여 만든 명품을 내팽개치다니……. 저런 사람에게 선물하려 했던 내가 부끄럽구나."

그는 주먹을 쥐며 굳게 결심했다.

"좋다, 그렇다면 다시 한번 내 솜씨를 한껏 발휘하여 옛날의 비파로 바꿔 놓겠다."

공지교는 유명한 조각가를 집에 초빙해서 비파에 주나라 시대의 문양을 새겨 달라고 부탁했다. 그리고 도장공을 불러 고색창연한 칠을 하게 했다.

그리고는 일 년쯤 땅 속에 파묻어 놓았다. 일 년 후에 비파를 꺼내어 흙을 닦아 내니 그야말로 고색창연한 옛날 비파가 아니겠는가.

다시 그것을 들고 승상 댁을 찾아가자 승상은 물론 악사까지 넋을 잃고 찬탄을 금치 못하였다. 승상은 연신 찬탄하면서 거금 백금을 선뜻 내놓았다.

공지교는 마음속으로 코웃음을 쳤지만 그는 공손히 받아 챙겼다.

그런데 이 기묘한 사기 사건은 그것으로 끝나지 않았다. 승상이 그 문제의 비파를 황제에게 바친 것이다.

"이 고금은 천하에 하나뿐인 보물이므로 폐하께 바치겠나이다."

황제는 몹시 기뻐하며 비파를 자세히 살펴보았다.

"정말 멋진 고금이로구나. 그런데 경은 이 보물을 어디서 구했소?"

승상이 사실대로 아뢰자 황제는 즉시 공지교를 궁궐에 불러들여 천금의 상금을 하사하였다고 한다.

이때 공지교는 자신이 저지른 일이 탄로났을까 봐 오금이 저렸으리라.

이 일화는 중국인들의 옛것에 대한 숭배심이 나타나는 이야기 중의 하나일 뿐이다. 최근 중국의 한 회사에서는 1930~1940년대에 크게 유행했던 '치파오'라는 옷을 다시 출시하여 대히트를 쳤다고 한다.

이것은 사람들의 소비 행위에서 나타나는 '복고 심리'에 발을 맞춘 결과라 볼 수 있으리라.

상품의 기능을 거꾸로 생각하라

이것은 상품의 질과 양을 역으로 생각해서 실질적으로 혜택이 돌아갈 수 있는 상품을 출시하는 것이다. 상품의 질과 양은 두 말할 나위도 없이 한 상품의 생명을 좌우한다.

하지만 모든 상품이 기술이 높다고 해서 더 잘 팔리는 것은 아니다. 과거에는 오래 사용할 수 있는 물건이 잘 팔렸으나, 오늘날에는 일회용이 더 잘 팔리기도 한다. 그러나 그 반대되는 상품 또한 많다.

전통적인 사고의 틀에서 벗어나 '역 방향'적 사고로 소비자의 '우월 심리'를 파악하여 적시에 그런 상품을 공급해 줄 수 있어야 한다.

21
유머 섞인 대화로 상대방을 충고한다

중국 상인들은 좀처럼 남을 비평하지 않는다. 그러니 충고의 말 또한 극도로 삼간다.

그러나 충고가 반드시 필요할 때는 하나의 현상을 극단적으로 '증폭' 시켜 상대방이 그것을 더 이상 얕잡아 볼 수 없게 만든다.

이 '비례' 증폭법에는 유머스런 요소가 포함되는 것이 좋다. 그래야 대화의 분위기가 밝아지고, 상대방은 느긋하고 유쾌한 분위기 속에서 자연스럽게 상대방의 충고를 받아들일 수 있게 되기 때문이다.

여기 다음과 같은 유명한 일화를 소개한다.

1940년 초가을 어느 날 오후, 옌안에 있는 마르크스·레닌 학원에서는 교육부 차장 등 네 명의 간부들에게 양가령에서 마오쩌둥을 영접하여 오라고 통고했다.

양가령까지는 1리 정도가 되는 거리였는데 중간에는 연수하라는 강이 흐르고 있었다. 네 사람은 마오쩌둥을 영접하려고 양가령으로 급히 갔다.

그런데 뜻밖에도 연수하를 가로지르는 다리를 건너다가 마오쩌둥과 마주쳤다. 마오쩌둥은 그들의 입을 열기도 전에 먼저 물었다.

"네 분께서는 어디를 그리 급히 가십니까?"

한 사람이 대답했다.

"주석 동지를 영접하라는 상부의 명령이 내려와서 이렇게 모시러 가는 중입니다."

"나를 영접한다고요? 내가 오늘 보고회가 있다는 것을 잊어버릴까 봐 그랬군요. 하지만 동지들 걱정하지 마시오. 내가 임무를 어떻게 잊을 수 있겠소."

"저희더러 주석 동지를 영접하라고 했는데 이렇게 늦었으니 대단히 죄송합니다."

네 사람이 고개를 숙이고 사죄하자 마오쩌둥은 손을 내저었다.

"나는 이런 걸 좋아하지 않아요. 한 사람이 보고회에 참석하러 오는데 네 사람씩이나 영접하러 나오다니……. 이건 말도 안 되는 일입니다."

마오쩌둥은 아주 진지한 표정을 지었다.

"네 분 동지가 이미 여기까지 마중을 나왔으니, 내가 가마를 안 탈 수가 없겠군요. 자, 가마는 어디 있습니까?"

"가마라니요?"

"네 분이 가마로 날 영접하러 온 것이 아닙니까? 다음 번에는 지도부에 건의해서 여덟 명이 앞뒤에서 메는 큰 가마를 보내도록 하십시오. 그래야 내 체면도 서고 위풍도 더욱 당당해 보이지 않겠습니까?"

네 사람은 어안이 벙벙해서 서로를 바라보자, 마오쩌둥은 더욱 진지한 표정으로 말을 이었다.

"그러고도 남는 사람이 있다면 북을 치며 길을 인도하는 사람, 깃발을 흔들며 큰 소리로 외치는 사람도 몇 명 더 보내 달라고 하시오. 그러면 더욱 더 근사하지 않겠소?"

이 말을 가볍게 비꼬는 말이었다.

네 사람은 모두 웃었지만 이때 그 누구도 대꾸하지 못했다. 마오쩌둥은 싱긋이 미소를 지으며 그들의 어깨를 두드렸다.

"우리는 혁명을 부르짖는 전사들입니다. 동지들, 혁명이 무엇입니까? 낡은 봉건 체제를 쓰러뜨리자는 것이 아닙니까? 그렇다면 봉건적 악습에 물들어서는 결코 안 되지요."

"……"

"나 하나를 위해 네 사람씩이나 마중 나오다니 이게 될 말입니까! 내가 길을 모르는 것도 아닌데……"

이때 네 사람은 고개를 끄덕이며 마오쩌둥의 말에 동의했다.

언제나 근엄한 표정이었던 마오쩌둥이 유머를 사용했다는 것이 색다르다. 네 사람씩이나 영접 나온 것이 잘못되었음을 인식시키기 위해 유머러스한 방법으로 그들을 충고한 것이다.

이는 딱딱한 태도록 충고하는 것보다 백 배 나은 효과를 가져다주었다고 볼 수 있겠다.

22
남의 힘으로 자신의 뜻을 이룬다

똑같은 계획이라도 여러 사람에게 맡기면 각기 다른 결과가 나온다. 따라서 어떤 일을 결정할 때 한 사람을 선택한다는 것은 경영에 있어 매우 중요하다.

1984년 초, 어느 날 석가장의 제지공장에 대해 상급기관에서 17만 원의 이익을 남길 수 있는 계획안을 제출하라는 명령이 떨어졌다. 이때 공장장을 비롯한 간부들은 고민에 빠질 수밖에 없었다.

"손해만 보지 않아도 다행인데 오히려 이익을 남기라니……?"

"17만 원이 뉘 집 강아지 이름인가?"

모두 온갖 불평만 늘어놓을 뿐 3개월이 다 지나도록 그 어떤 계획조차 세우지 못했다. 이때 마승리라는 판매과장이 불쑥 나서서 호언장담을 하는 것이었다.

"제게 그 일을 맡겨 주시면 올해에 70만 원, 내년에는 100만 원, 그리고 내후년에는 120만 원의 이익을 남기겠습니다."

이 엉뚱한 말에 공장장을 비롯한 간부들은 말도 안 된다고 비웃었지만, 마승리의 치밀한 계획을 듣고는 마침내 그 일을 그에게 일임했다.

마승리는 상급 기관인 시 당국의 전폭적인 지원 아래 제품 생산에 돌입했다.

마승리는 도대체 무엇을 믿고 호언장담을 했을까?

그것은 크게 두 가지로 나눌 수 있다. 첫째는 사람을 적재적소에 기용하는 것이며, 둘째로는 대세를 따른 것이다.

우선 사람의 기용하는 것을 살펴보면 마승리가 새로 편성한 구성원은 고작 14명이었다. 기사가 4명, 경영관리 전문가가 8명, 그리고 자신과 경리사원이 전부였다.

마승리는 그 누구도 생각지 못한 파격적인 인사관리를 단행했던 것이다. 우선 새로 임명된 작업장의 주임을 보고 사람들은 모두 자기의 눈을 의심하지 않을 수 없었다. 그 주임은 60년대 전문학교를 졸업했으나 출신이 좋지 않아서 보조 기사로도 만족해야 하는 사람이었다.

게다가 그는 항상 비판적인 의견을 많이 제시하는 바람에 회사에서 학력이나 능력에 비해 형편없는 대우를 받아 왔다.

그러나 마승리는 그를 과감하게 자기 팀으로 발탁했다. 지금까지 천덕꾸러기였던 그는 비로소 자기를 알아주는 사람을 만나자 밤낮을 가리지 않고 기계에만 매달렸다.

그는 자신이 알고 있는 지식과 전문서적을 구하여 집중적으로 연구했다. 마침내 그는 지금까지 그 누구도 해결하지 못했던 화장지의 중량 초과 문제를 거뜬히 처리했다.

화장지 한 두루마리의 무게를 10그램 정도 줄여 표준 규격에 맞춘 것이다. 이 한 가지 일만으로도 약 27만 원의 비용을 줄일 수 있게 되었다.

그리고 팀의 한 사람인 한 여기사가 과감한 발상으로 단숨에 기술과장으로 특진되었다. 그녀는 가격이 매우 싸지만 부피가 너무 커 아무 쓸모없던 솜 부스러기를 원료로 마침내 화장지를 만드는 데 성공하였던 것이다.

그 결과 톤당 단가를 6백 원씩 줄여 1년에 약 66만 원을 절감시키는 큰 효과를 가져왔다. 이렇게 하여 마침내 마승리의 호언장담은 현실로 나타나게 되었다.

1984년 5월 1일부터 그의 계획대로 생산에 들어간 제지 공장은 상당한 이익을 남겨 상급기관의 명령을 초과 달성한 것이다.

그 이듬해에는 전 해의 두 배에 달하는 이익을 달성하여 신문의 머릿기사를 화려하게 장식했다.

중국 상인들은 종종 이런 말들을 한다.

"처음부터 한 사람을 간부로 지목하여 장차 부서의 책임자로 키우는 방법은 옳지 않다. 그것은 장사를 망치는 방법이다."

"사람을 채용할 때 가장 기피해야 할 것은 성급히 성공하려는 자세다."

23
거래는 현금으로, 보관은 금으로

'돈은 자기 수중에 들어올 때까진 결콘 내 돈이 아니다.'
'다른 사람의 수중에 있는 은전보다도 자기 수중에 있는 동전이 훨씬 낫다.'
'귀로 들은 백 냥보다도 내 눈으로 본 백냥이 낫다.'
'내일의 백 원보다도 오늘의 일 원이 훨씬 낫다.'

이것은 중국의 오랜 속담들이다. 모두 현금을 찬양하는 말로써 현금 제일주의자인 중국인의 특징을 잘 나타내고 있다. 그들이 현금을 좋아하는 데는 역사적인 이유가 있다.

기록에 의하면 진 시황B.C 221 때부터 청나라가 망한 광서제 1908까지의 2천 1백여 년간 황제는 모두 213명이었다고 한다. 황제들의 평균 제위 연수는 10년 남짓 되는 셈이다.

그러니 황제가 자주 바뀌는 것이었다. 따라서 어제까지 통용되던 화폐와 세금 제도까지 바뀐다.

이런 경우를 수없이 경험해야 했던 중국인들은 살아가기 위한 지혜의 한 방법으로 현실적인 것, 내일의 백꿈보다 오늘의 일현실을 택한다. 상거래에 있어서도 일단 눈앞에 현금을 차곡차곡 쌓아 놓고 나서 천천히 교섭을 시작한다.

현찰이 동원된다면 상거래에서 물건을 마음대로 골라 살 수가 있다. 또한 어느 정도 값을 깎을 수도 있다. 현금의 중요함을 아는 것이야말로 경제 전쟁에서 승리하는 요건이다.

중국인들은 '금은 보배'라고 말한다. 돈金과 금金이 같은 글자인 것만 보아도 그 사실을 잘 알 수 있다. 금은 세계 어디서나 필요하다면 즉시 현금으로 바꿀 수 있다.

또한 좀체로 값이 뚝 떨어지는 경우는 아직까지 없다.

금보다 더 값진 것으로는 다이아몬드가 있으나 중국인들은 이것을 별로 좋아하지 않는다. 다이아몬드는 약간의 흠집만 있어도 값이 뚝 떨어진다. 그러니 보관하기가 매우 까다롭다.

전쟁·천재지변·기근이 끊이지 않았던 옛날부터 피난할 때 들고 가기 쉽고, 재산가치로 확실한 것이 금이다. 그래서 중국인들은 기회 있을 때마다 전 재산을 금으로 바꿔 몸에 간직하고 있다.

중국인들은 남녀 노소를 막론하고 귓불에 구멍을 뚫어 금귀걸이를 하고, 손목·발목·팔목, 그리고 목걸이를 한 것도 모두 그런 이유 때문이다. 아이들에게도 금목걸이나 금팔찌를 해주는 것도 그것이 부모가 해 줄 수 있는 최대의 정표라고 생각하기 때문이다.

  만약 어떤 사정으로 부모와 헤어지게 되더라도 금만 있으면 그것을 팔아서 생활할 수 있으며, 그것을 밑천으로 장사도 할 수 있을 것이다. 하지만 요즘처럼 온갖 흉악한 범죄가 들끓는 험악한 사회에서는 도난이나 유괴의 염려가 있어 금붙이는 될 수 있는 한 안전한 곳에 깊숙이 보관해 두어야 한다.

세계 경제의 큰 손, 화교

제 2 부

24
화교의 시초

중국에서는 폭군의 대명사로 일컫는 진 시황에 대한 새로운 평가가 나오고 있다. 그의 업적인 최초의 중국 통일, 오늘날까지도 그 일부가 이용되고 있는 도로 건설, 성벽 축조, 도량형 통일, 관개 개설 등 그의 치적은 여러 곳에서 엿볼 수 있다.

그러나 중국 상인이나 화교들은 진 시황의 이름만 들어도 고개를 절레절레 흔든다. 그들은 왜 무엇 때문에 진 시황을 그토록 지독히 혐오하는가?

통일을 이룬 뒤 온 백성이 만리장성 축조, 운하 건설, 도로 공사, 병마용 제작 등으로 혹사당하는 가운데에서도 진 시황은 자신이 정복한 강남 지방을 철저히 식민지화할 방법을 구상하고 있었다.

강남 지방이란 초·오·월나라를 가리킨다. 가장 좋은 방법은 북부 지방에 살고 있는 천민과 죄수, 상인들을 그 가족과 함께 강남 지방으로 모두 강제로 이주시키는 방법이었다.

특히 강북 지방에서 상업에 종사하고 있는 자는 한 명도 빠짐 없이 모두 차출하여 오늘날의 저장성·푸젠성·광둥성으로 이주시켜 강북 지방을 완전히 정화한다는 것이 이 계획의 골자였다.

당시 진 시황의 검거망을 피할 수 있었던 상인은 극히 드물었다. 아래로는 소상인에서 위로는 거상에 이르기까지 모든 상인들이 검거되어 짐마차로 이송되었다.

오늘날 중국의 남부 연해 지방을 따라서 상업적인 수완이 뛰어난 사람들이 많이 살고 있는 것은 진 시황의 이러한 강제 이주정책의 영향이 크다.

상인들이 주요 목표 계층이 된 것은 나라의 관료들 사이에 오랫동안 이어져 내려온 반상업적인 선입관 때문이라 할 수 있다.

진 시황과 그의 관료급들은 상인이란 오직 돈만을 위해서 행동하고 나쁜 짓도 서슴지 않고 해치우는 악인으로 보았던 것이다.

중원이라 불리는 강북 지방은 농경문화 종족들 간의 세력 다툼의 장으로써 계속해서 농경문화를 토대로 한 관료 정치가 이어져 내려왔다. 이들 관료들의 가치관으로는, 국가의 번영은 농경의 발전에 있을 뿐 결코 상업에 있지 않았다.

특히 유가에서는 상인을 사회의 맨 하위 계층, 즉 소작인·장인·하급 병졸보다도 더 하층으로 죄수들과 동류 계층으로

분류하였다.

상인들은 매우 탐욕스럽고 무자비하며 예측할 수 없는 행동에 따라 생활하며 약탈을 일삼는 무리이기 때문에, 일반인들이 도저히 용납할 수 없는 자기들만의 규칙을 가지고 살아가는 위험한 인물로 기피의 대상이었다.

모든 상인들이 그런 것은 아니었지만 실제로 몇몇 상인들은 흉년과 기근을 이용해 물가를 올려 사회의 불안을 더욱 심하게 조장한 것도 사실이었다.

오늘날도 그때와 별로 다르진 않지만, 당시의 상인들은 항상 탐관오리를 쫓아다녔다. 그리고 일부 관리들은 상인들이 유혹해 오기를 은근히 기다리고 있었다.

재상들도 거상들에게는 특별히 호의적인 태도를 잊지 않았다. 왜냐하면 호의적인 자세를 보이면 상인들이 무이자로 대부를 해 준다는 것을 잘 알고 있었으니까.

이처럼 뇌물·상납금·선물 등 온갖 유혹이 관리들을 향해 끈질기게 촉수를 뻗었다. 그 결과 엄청난 재력을 가진 자와 권력을 가진 자가 상호 의존하는 관계가 이루어졌다. 말하자면 정경유착의 뿌리는 그 역사가 매우 깊은 것이다.

부와 사치를 추구하는 인간의 욕망, 이러한 인간적인 이 욕망에 중독된 상인과 관리들을 볼 때 진 시황은 먼저 타락의 원인을 제공한 상인들이 관리보다 더 비난받아야 마땅한 것으로 생각했다.

상인들만 모두 검거하여 강남으로 압송한다면 관리들이 깨끗해질 것이라는 단순한 생각으로 대규모 이주 계획이 실천에 옮겨졌던 것이다.

강제 이주 중에 많은 상인들이 죽었다. 또한 도착한 곳에서도 원주민들에게 박해를 받아 많은 상인들이 죽거나 산 속으로 도망쳤다.

그래서 상인들은 지금도 진 시황을 몹시 혐오한다. 하지만 상인들이 진 시황을 혐오하는 것에는 모순이 있다.

다시 말해 시황제는 상인들과 마찬가지로 무척이나 영생을 추구했던 인물이다. 그는 불로초를 찾아 몸소 천하를 순행했고, 서복이라는 도사의 꼬임에 빠져 3천 명의 동남동녀와 많은 보물을 하사해 불로초를 구해 오라고 보낸 일까지 있었다.

바다로 나간 서복 일행은 영영 돌아오지 않았다.

중국을 최초로 통일함으로써 중국의 모습을 완전히 바꿔 놓은 진나라는 그 역사가 겨우 15년에 그쳤다.

그의 가혹했던 전제 정치로 혜택을 받은 사람이 있다면 아이러니컬하게도 강남으로 강제 이주된 상인들이다. 왜냐하면 이들은 강남 지방의 해안선을 따라 피어 있는 부를 발견했기 때문이다.

그것은 용기만 있으면 누구나 구할 수 있는 부와 자유였다.

25
화교의 확산

화교들은 대부분 본토로부터 추방되었거나, 난리를 피해 해외로 탈출한 중국인들이다. 그들 중에는 대륙의 북방에서 쫓겨난 인물들도 적지 않았다.

전국 시대가 끝나고 진 시황의 천하 통일 시대에는 남부 지방의 주민들이 떼를 지어 해외로 탈출했다. 그리고 진나라가 멸망하고 한나라가 들어서자 피난민 대열은 규모가 더욱 커졌다.

9세기 당나라 말, 황소의 난이 일어나면서부터 곧 대학살이 만연하자 국외 탈출자자 급증했다. 이후 몽골족이 대륙과 남송을 정복하면서 피난민은 또다시 급증했고, 대륙은 마침내 황무지로 변했다.

몽골족을 쫓아내고 명나라가 들어섰지만 남부 지방이 조정의 말을 고분고분하게 듣지 않는다고 폭정을 펼치는 바람에 해외 이주자는 줄어들지 않았다.

그리고 만주족이 세운 청나라는 옌하이저우 지역의 주민들을 내륙으로 강제 이주시켰으며, 정성공의 반청 활동 실패와 함께 중국인의 본토 대 탈주 현상이 폭발적으로 늘어났다.

하지만 중국인은 귀향 의식이 매우 강하여 피난민의 대부분은 다시 고향을 찾는다. 그들은 난리를 피해 국외로 탈출할 때 영원히 고향을 떠난다는 생각은 추호도 없으며, 단지 그것을 일시적인 보호책으로 생각했던 것이다.

자연재해 또한 중국인들을 대륙에서 몰아내는 데 큰 영향을 끼쳤다. 북부 지방의 주민들은 홍수와 가뭄, 기근을 견디다 못해 식량을 찾아 강남으로 이주했고, 강남 지방의 주민들은 바다로 나갔다.

중국 남부 지방에서는 정기적으로 몇 년에 한 번씩 홍수나 한발이 발생하는데, 1846과 1849년, 1877년에는 굶어 죽은 사람이 옌하이저우 지역에서만도 무려 2,300만 명이 넘었다는 기록이 있다.

사업상 본토를 탈출하는 중국인도 많았다. 유능한 상인들은 탐관오리들에게 전 재산을 강탈당하는 것을 피해 국외로 탈출했다.

이러한 현상은 주기적으로 나타났다. 그들은 대륙 근해의 섬들이 안전하지 못하다고 느낄 때 언제든지 망설이지 않고 곧장 탈출을 감행했다.

이런 피난민 대열에는 마치 철새처럼 계절에 따라 항저우와 수마트라를 왕래하는 화교들도 끼어 있었다. 본토로부터의 탈출로는 홍콩과 상하이를 연결하는 남부 해안선을 따라 곳곳에 흩어져 있는 외딴 항구들이었다.

항구마다 지역 상인 단체인 공사에 속해 있는 개인 선박들이 있었고, 필요할 때는 언제나 선박을 구할 수가 없었다. 중국 남부의 해안은 해안선을 따라 곶과 갑이 계속 이어져 있어서 천혜의 항구가 많다.

그리고 항구의 내륙 쪽으로는 바위산들이 병풍처럼 둘러쳐져 있어서 내륙에서 바다로 접근하려면 몇 개 안 되는 좁고 험준한 산악 길을 지나야 한다.

하지만 깊은 계곡을 저마다 독특하게 형성하면서 동남쪽으로 흐르는 강도 많고, 강의 하구에 있는 삼각주 역시 천혜의 항구로서 손색이 없다.

이런 특수한 지형적인 특성 때문에 내륙과 연안 지방 간의 통행이 무척 불편했고 교류가 힘들었다. 이처럼 내륙으로부터 멀리 격리되어 있었기 때문에 아득한 옛날부터 도피자, 해적, 그리고 밀수업자들의 안식처가 되었다.

그런데 그들은 저마다 외따로 떨어져 있어서 계곡마다 생활양식과 지배 세력이 달랐다. 이러한 독립된 문화와 지배자들을 반청反淸이라는 공통된 목적을 가지고 이것을 하나로 집결시킨 이가 바로 화교들의 전설적인 영웅 정성공이었다.

그의 유명한 지하조직인 삼합회는 바로 이 남부 해안의 아모이와 산터우 출신자를 중심으로 탄생했다. 그 조직의 정신과 영혼은 '반청복명' 활동에서 나왔다.

　광저우와 상하이 역시 지하조직이 생겨 활발하게 활동하기 시작했다. 오늘날 전 세계 화교 집단의 구조와 체제는 이 남부 해안 지역의 비밀결사에 그 뿌리를 두고 있다.

26
곳곳에서 펼쳐진 화교의 박해 역사

'화교는 동양의 유대인이다.'

1910년, 태국 국왕 라마 6세는 신문에 이렇게 선언했다. 그리고 그 이유를 자세히 밝혔다.

"화교와 유대인의 가장 큰 공통점은 인종 차별 태도다. 세계 어느 곳에 있는 화교든지 그들은 오로지 동족만을 전적으로 신임한다. 그리고 그들은 오로지 자신의 이기적인 일만을 추구한다. 그들의 목표는 오직 하나뿐이다. 그것은 가능한 한 모든 재산을 모은 후 얼른 그 나라를 빠져 나가는 것이다. 그들에게 의무감이라는 것은 조금도 없다. 그들은 온갖 특권과 이권에 달려들면서도 어떠한 책임도 지려고 하지 않는다. 그들에게 있어 다른 모든 인종은 사기·약탈·이용을 당해도 괜찮은 야만인들에 지나지 않는다. 그들은 마치 태국 국민의 피를 빨아먹는 흡혈귀와 다름없다. 그들이 중국 본토에 송금하는 이유는 사랑과 자비심 때문이 아니고 오로지 재산을 빼돌리기 위해서일 뿐이다. 나는 언젠가는 그들에게 톡톡히 대가를 치르게 하겠다."

보르네오 섬 북부에 위치한 사라와크의 영국 총독 제임스 브룩 경은 여러 차례 다음과 같이 이야기했다.

"나는 화교들을 한편으로는 존경하고 한 편으로는 경멸한다. 그들은 세계에서 가장 부유하고 인내심이 강하고 활기에 넘친다. 그러나 폭력자들의 혹독한 차별 대우 앞에서는 순종하고, 아첨에 매우 능숙한 타락된 인종이다."

브룩 총독은 사라와크에 거주하는 5천 명의 화교 가운데 2천 명을 살해했다.

태평양 전쟁 때 말레이 전선을 맡았던 일본의 육군 제25군의 참모로 '화교 숙청 작전'을 지휘했던 츠지 마사노부 대좌는 이렇게 적고 있다.

"화교는 과연 누구를 가리키는 말일까? 몽골족이 중국 대륙을 침략한 이후 많은 중국인들이 동남아시아로 이주했다. 처음에 그들은 상점 점원, 아니면 심부름꾼이나 최하급 노동자였다. 그런데 영국인·미국인·프랑스인·네덜란드인들과 결탁해서 게으른 원주민들을 속여 부자가 되었다. 현재 5백만 명에 이르는 식민지 이주자들은 중국에 군사 자금을 지원하고 있다. 국민당이나 공산당의 선전 영화에 현혹되어, 아니면 그들 특유의 비밀결사대들에게 협박을 받아 길을 잘못 들어선 것인지도 모른다. 그러나 아무튼 화교들은 중국에 자금을 지원하고 있다. 우리는 이들에게 자신을 증명할 수 있는 기회를 주어 대일본 제국의 품안으로 끌어들여야 한다. 그렇게 하려면 반드시 두 가지를 명심해야 할 것이 있다. 첫째, 화교들은 유럽인 행정 관리들과 같이 일할 수 있었을 만큼 총명하다는 것이다. 그리고 그들은 이것을 이용해 오랫동안 원주민을 착취해 왔고, 그 결과 원주민들은 유럽인들보다도 이들에게 더욱 적개심을 품고 있다는 사실이다. 둘째, 이들은 국가 의식이나 민족 의식이 없는 자들이다. 오로지 재산을 모으는 것 이외에는 아무것도 관심을 가지지 않는 자들이란 것을 명심해야 한다. 결론적으로 개인적인 이익을 보장하지 않는 한 이들의 협조를 구한다는 것은 거의 불가능하다. 또한 단순히 협박한다고 해서 이들이 우리와 같은 아시아의 형제들이라는 숭고한 신념을 갖게 한다는 것도 불가능하다는 것을 깊이 명심해야 한다."

츠지 대좌의 이런 생각은 피의 학살로 나타났다. 탄압과 박해, 그리고 학살이 지난날 화교들이 겪었던 피의 수난사이다.

곳곳에서 수많은 학살이 벌어졌는데 굵직한 사건을 살펴보기로 하자.

① 인도네시아 학살사건

1740년, 네덜란드 당국은 인도네시아에 거주하고 있는 모 화교들이 자신의 수입원이 합법적임을 증명하지 못할 경우 모든 두 검거하여 노예로 스리랑카로 추방한다고 선포했다.

이 조치에 화교들이 강력히 반발하자 네덜란드군은 밤에 중국인을 집단 학살했다.

'바타비아인의 분노'라고 역사에 기록되어 있는 이 학살극에는 원주민들도 적극적으로 참여했다. 당시 1만 명이 넘는 화교들이 희생되었다.

이 사건으로 화교들이 운영한 설탕산업은 하루 아침에 무너졌다. 그리고 하룻밤 사이에 사라진 노동력을 보충하고, 불타버린 공장을 재건하기 위해 네덜란드 관리들은 푸젠과 광둥성에 노예선을 보내 또다시 중국인들을 잡아 왔다.

② 보르네오 학살사건

보르네오의 화교들은 곳곳의 광산에 노동자로 일했다. 보르네오 섬 전체 인구의 3분의 1이 화교였다.

그 중 몇몇 화교는 채굴권을 갖고 있는 술탄지방 영주들과 맞먹을 정도의 큰 재산을 모았다.

1822년, 술탄들이 네덜란드인에게 광산 채굴권을 다시 되팔려 하자 이를 소유하고 있던 화교들이 들고 일어났다. 그러나 화교들은 대량 학살되어 숲속에, 바닷속에 버려졌다.

30만 명에 달했던 화교의 숫자는 10만 명으로 줄어들었다.

③ 싱가포르의 대학살

1942년 2월 21일 정오, 싱가포르를 점령한 일본군은 18세 이상 50세 이하의 모든 화교들에게 5개의 장소에 집결할 것을 명령했다.

이를 어긴 자는 무조건 사살하라는 지시도 함께 내려졌다. 일본군은 집결 장소에 모인 화교들 중 두건을 쓴 밀고자들에게 적대자들을 가려내게 한 다음 대 학살극을 무자비하게 자행했다. 기록에 의하면 이때 총 70,699명이 학살당했다.

츠치 대좌의 숙청 작전이 시작된 것이다. 츠치의 학살극은 말레이 반도에서도 자행되었다. 대학살은 3월 말까지 이어져 4만 명이 목숨을 잃었다. 그리고 기록에는 없지만 수많은 화교들이 흔적조차 남기지 않은 채 사라졌다.

츠치 대좌는 종전 후 아무런 처벌도 받지 않았다. 오히려 중의원으로 사회 저명인사 대열에 동참했다. 맥아더 사령부는 무슨 까닭인지 그에 대한 조사도 하지 않았다.

몇 년 후, 츠치는 하노이를 방문했다. 그리고 그곳에서 영원히 지상에서 사라졌다. 그에게 희생당했던 수많은 화교들의 가족이나 친척 중 누군가가 복수를 했을 것이라는 소문이었다.

그 밖에도 1965년 인도네시아의 공산주의자 폭동사건, 1969년의 말레이시아의 유혈극에서도 많은 화교들이 학살되었다.

동남아시아 중에도 특히 말레이시아에서는 반화교주의가 특히 심해 1989년에도 2천 명의 화교를 학살하는 참사가 일어났다.

화교들의 수난은 동남 아시아뿐만이 아니다. 1880년대 경기

침체가 미국 서해안에 몰아닥치면서 샌프란시스코와 시애틀에서 '화교 머리 자르기 파티'가 벌어져 이때 수천 명의 화교들이 목숨을 잃었다.

그뿐인가. 멀고 먼 남아프리카에서도 백인들에 의해 화교들이 흑인과 함께 유색 인종이라는 이유로 거의 정기적으로 박해를 받고 학살되었다.

이것이 '아시아의 유대인'이라는 멍에를 뒤집어쓴 화교의 역사인 것이다.

27
비밀결사 삼합회 三合會

대부분의 화교 단체는 삼합회라는 크고 작은 비밀결사를 갖고 있다. 삼합회의 기원은 멀리 정성공 시대까지 올라간다.

정성공은 화교들이 영웅으로 받드는 인물로서, 만주족이 세운 청나라에 대하여 끝까지 항거한 명나라의 충신이었다. 당시 정성공이 펼친 반청 운동에 모든 화교들은 적극적으로 가담했다.

그들은 스스로를 홍문이라 불렀다. 여기서 '홍'은 명나라 최초의 황제인 홍무제에서 빌려 왔다고 한다. 중국에서 '홍'은 희망과 기대를 상징하는 홍붉은색과 발음이 같아서 서양에서는 '레드 갱Red Gang'이라 불린다.

정성공이 세상을 떠난 뒤 호전적인 승려 다섯 명이 홍문과 합세하여 반청 활동을 활발하게 전개했다. 이들은 화교는 물론 모든 중국인들의 영웅이 되었다.

이들의 활동은 인형극뿐만 아니라 텔레비전과 영화에서 자주 등장한다. 또한 미국 텔레비전에서 큰 인기를 끈 '쿵푸'도 그들의 모험담에서 착안되었다고 한다.

홍문은 미국 남부 해안 지역을 중심으로, 아시아 각지와 태평양 주변국의 화교들에 의해 현지에 조직이 만들어졌다.

삼합회는 정삼각형의 깃발을 내세워 그들의 상징으로 삼았다. 삼각형의 각 변은 천天·지地·인人을 의미하며 그 삼각형으로부터 삼합회·천지회·삼점회·삼화회라는 별칭이 나타났다.

삼합회는 홍콩 영화에서처럼 잔인한 수법으로 사람들을 살해하거나 강도·납치·마약 밀매·보호비 강제 징수 등을 자행했다. 그러므로 삼합회가 활동하는 국가의 주민들과 식민지 종주국의 서양인들은 많은 피해를 입었다.

그러나 이처럼 비관적인 면보다는 긍정적인 면이 더 많았다.

이들은 본토에서 이국 만리로 이민 온 중국인들에게 잠자리와 일자리를 제공했다. 홍콩의 경찰국은 이들을 '가장 위험하고 배타적이며 실체 파악이 불가능한 지하조직'이라고 평한다.

그러나 태국의 시민 단체들은 '삼합회는 공공공사회에 기여하는 가장 뛰어난 사회 단체'라고 호평하였다. 태국에 있어서 삼합회의 활동은 조직원에게 창업자금을 융자해 주는 것은 물론, 혼례나 장례 때 서로 도우며, 학교와 병원을 설립하는 등 자선사업에 매우 열중하고 있기 때문이다.

유교 사상이 지배하고 있는 화교 사회는 가부장 제도를 따르고 있다. 집안과 일가에는 가장이 있고, 동일 업종의 조합에는 조합장이 있다.

삼합회에는 우두머리인 대부가 있으며 전 세계에 지부들이 널리 퍼져 있으며 사실상 대부의 감독을 받는다. 그러나 화교들에게 실제적으로 영향을 미치는 사람은 대체로 실업계의 최고 거물인 경우가 많다.

하지만 이들은 대부에게 절대적으로 복종한다.

대부는 중국 본토에 거주하거나 대만·홍콩·태국·싱가포르에 거주하는 인물일 수도 있다.

여기 잘 알려지지 않은 실화가 있다.

프랑스 파리에 살고 있는 화교들은 대부분 저장성 출신이다. 이들 중 대다수는 나치 점령 시절 유대인들이 살았던 파리의 빈민 지역에 모여 살고 있다.

원래 이곳에 거주하던 유대인들은 나치들에게 거의 학살당했다. 나치들이 유대인 학살에 혈안이 되어 있던 당시에는 파리 시민들조차 유대인 빈민굴에 들어가는 것을 몹시 두려워했다.

그러나 화교들은 전혀 개의치 않고 그곳에서 살았다. 또한 지금까지도 살고 있다.

그런데 1993년 파리의 화교들 사이에서 격렬한 싸움이 벌어졌다. 하지만 프랑스 정부조차 그 후한이 두려워 대처하지 못한 채 전전긍긍하고 있었다.

그때 본토로부터 대부가 날아왔다. 그러자 치열하게 싸우던 파리의 화교들은 일순간에 조용해졌다. 그것은 파리 시민들에게 신비로운 마술처럼 보였다.

전통과 재력, 이것이 바로 전 세계 화교 단체를 이끌어 가는 대부의 강력하고 눈에 보이지 않는 강력한 무기다. 대부가 죽거나 은퇴할 때는 후계자를 지목한다.

후계자는 전 대부의 뒤를 이어 전 세계의 화교 집단을 이끌어 간다. 이것이 바로 화교 사회를 연결하는 삼합회이다.

28
화교들의 직업관

화교에게는 일종의 직업 조합이라는 것이 있는데, 그중에서도 유명한 것이 '화교삼도華僑三刀'이다.

그들의 신조에 의하면 인간 생활에 가장 필요한 것은 먹고 입고 이발하는 것이라고 한다. 이것은 중화요리점·양복점·이발소를 가리킨다. 즉, 화교 삼도는 세 가지 칼을 가리키는 것이다.

요리하는 데 가장 필요한 것은 식칼이다. 그리고 양복을 재단하려면 반드시 가위가 꼭 필요하다. 이발소에서도 가위가 필수품이다.

이렇게 해서 '삼도'가 된다.

우리가 흔히 말하는 의·식·주와는 다르지만 화교 삼도는 화교들이 자신들의 직업 영역을 넓혀 간 모습을 알 수 있게 해 준다. 그들은 인간 생활에 가장 기초적인 먹고중화요리점, 입고양복점, 다듬는이발소 것에서 직업을 찾았던 것이다.

그리고 화교들은 '교사삼보橋社三寶'라는 말을 즐겨 쓴다. 교보중국어 신문, 교교중국어 학교, 그리고 마지막으로 교단, 즉 '방'이라 불리는 화교의 상호부조의 조직을 일컫는다.

이 교사 3보를 지키면 화교들은 자주 고향에서 쓰던 것과 같은 말, 같은 생활 풍속으로 살 수 있다.

화교들이 본토로 가려고 마음만 먹으면 국경 같은 것은 결코 장애가 되지 않는다. 본래 고국에서 내쫓기다시피 나와서도 자수성가한 조상들의 뒤를 잇는 사람이 바로 그들이다.

지구 끝이라도 '야자나무 한 그루만 있으면 화교 3명이 살 수 있다'고 할 정도로 그들은 세계 곳곳에 흩어져 있다. 여기가 아니면 싫다, 부모나 친척 곁이 아니면 안 된다는 생각은 그들에게 절대로 없다.

옛날부터 '홍콩이 싫으면 싱가포르가 있어요' 하는 식으로 궁극적인 사고방식을 갖고 화교들은 살아가고 있다.

"우리들이 가는 곳이 바로 중화의 나라다."

화교들이 즐겨 쓰는 말이다.

그들은 어떤 조건을 따지지 않고 개척할 만한 곳이라고 생각되면 수만 리 떨어진 곳이라도 망설이지 않고 곧장 행동한다. 그렇게 자리를 잡고 맨손으로 일을 시작해서 뜻을 이루면 죽을 때까지 그곳에 정착하고 산다.

또한 가족과 친척을 계획적으로 세계 도처에 흩어져 살게 한다. 중화요리점을 운영하는 화교의 자식이라고 해서 장래에 식당 계통의 일에만 진출시키지는 않는다.

자식의 재능과 희망을 분명히 파악해서 진로를 조언하고 충고하지만, 최종적인 결정은 자식들에게 맡긴다. 우리나라에서는 '사士'자, 즉 교사·의사·변호사·회계사·건축사 등을 선호하는데, 화교들도 '사士'를 쳐준다.

"세계는 하나이므로 이제부터 젊은이들이 진출할 길은 이 5사만이 지도자가 되는 지름길이다."

화교들이 요즘 즐겨 쓰는 말이다. 그러나 모든 아이들을 5사의 길로만 보내지는 않는다.

아무리 재산이 많더라도 중화요리점의 대를 잇게 할 생각이라면, 고등학교 정도로 학업을 중단시키고 다른 식당에 견습을 보내거나 자신의 요리점에서 일을 가르친다.

그들은 그것을 '이곳 대학', '우리 집 대학'이라고 칭한다. 혹시 누군가,

"아드님은 어느 대학에 진학했습니까?"

하고 물으면,

"이곳 대학으로 왔습니다."

라고 대답한다. 상대방이 다른 나라 사람이라면 그 의미를 잘 알 수 없을 것이다. 즉, 자기 곁에 두고 기술과 상법을 교육시키는 것이다. 어느 날 갑자기 부모가 죽더라도 곤란을 당하지 않도록.

그래서 화교들은 자식을 될 수 있는 한 많이 낳는다. 그들에

산아제한이란 단어는 없다.

그들은 자식들에게 계획적으로 각기 다른 기술을 가르쳐 다방면으로 진출시킨다. 진학만을 예로 들더라도 한 아이는 중국인 학교, 또 한 아이는 미국인 학교, 마지막 아이는 일본인 학교로 각각 분산해 보내는 경우가 적지 않다.

유학과 취직도 미국·홍콩·싱가포르에 간 형제 중 단 한 명만이 중국 대륙으로 돌아갈 정도로 그들은 현실보다는 미래를 예비하는 것이다.

29
화교들의 방언

최근의 통계에 의하면 전 세계에 흩어져 살고 있는 화교는 대략 5,500만 명이라고 한다. 그런데 그들의 출신지를 물어보면 대부분 푸젠성, 광둥성, 혹은 저장성이라고 말한다. 그러나 이것은,

"난 유럽 출신이오."

라고 대답하는 것과 마찬가지다. 그들에게서 알아내야 할 가장 정확한 답변은 어느 마을 출신인가 하는 것이다.

화교 사회에서는 같은 고향 출신자 이외에는 모두 외국인과 다름 없다. 그런데 이 화교들의 고향은 대부분 4개의 강 주변에 있는 몇 개 마을뿐이다.

4개의 강 중 3개는 푸젠성에 있다. 푸젠을 가로지르며 흐르는 민강, 하문 부근의 헤이룽강, 푸젠성의 발원지이면서 광둥성 산두汕頭를 지나는 한강漢江이 그것들이다.

그리고 네 번째 강은 광둥성에 속해 있는 주강株江이다. 산두

는 광둥성에 속해 있지만 그 생활양식과 문화는 한강을 통해 푸젠성과 연결되어 있다.

이 4개의 강 하구 삼각주 지역에 살고 있는 주민들은 각기 다른 방언을 사용한다. 이 방언들은 너무 달라 의사소통이 거의 불가능하다.

광둥성 동쪽 광저우시에서 북동쪽으로 270km정도 떨어진 곳에 위치한 산두 주민들이 사용하는 방언은 조주어라고 부른다. 이 명칭은 천 년 이상의 유구한 역사를 지닌 항구 도시 조주의 이름을 그대로 빌려 쓴 것이다.

조주인들은 그들 나름대로 특별한 문화의 사고방식을 갖고 있다. 그들은 조직에 대한 충성심과 단합력이 뛰어난 사람들이다.

또한 거부들이 많은 동시에 가장 뛰어난 지하 연락망을 갖추고 있다. 그리고 역사상 최초로 다국적 기업을 창설한 사람들이기도 하다.

이들은 지금도 자신들의 방언을 계속 사용하면서 전 세계에 흩어져 있는 동향인들과 결속을 다지고 있다.

대부분의 화교들은 고유한 방언과 베이징어를 모두 알고 있다. 베이징어는 베이징을 중심으로 북부 지방 주민들과 중앙관리들이 사용하는 말인데, 행정과 공공업무를 수행할 때 사용되어 왔다.

남부 해안 지방 주민들의 방언은 지방색을 잘 나타냈고 동시에 지역 주민들 간의 단합과 융화, 결속을 강화시키는 역할을 했다. 하지만 그 반대급부로써 다른 방언을 사용하는 집단에 대해서는 극단적으로 배타적인 태도를 심어 주었다.

방어 집단 간의 배타적인 태도는 세계 어느 도시를 가더라도 그대로 이어지고 있다. 남부 지방의 방언은 북부 지방 사람들이 여러 가지 사정으로 인하여 남부로 이주해서 옛날 원나라의 언어를 사용하고 있던 현지 국민들과 어울리는 가운데 자연히 변형되었다.

이렇게 변형된 언어가 역사적인 사건의 영향을 받아 변천을 거듭하는 가운데 굳어져 내려온 언어들이다. 지역에 따라 서로 다르게 변형된 언어들은 산과 계곡, 강 같은 지형적인 장애로 인해 서로 아무런 교류가 없었다.

따라서 남부 지방에서는 제각기 다른 종류의 방언들이 탄생했다. 중국의 중앙 정부는 옛날부터 관리가 힘들었던 남부 지방을 고의적으로 무시하고 방치했다.

조정의 간섭과 통계가 매우 허술하여 행복했던 남부 지역의 국민들은 가족·일가·지역·방언을 구심점으로 뭉쳐서 자급자족의 생활 형태를 유지시켰다. 더구나 이들이 고향을 떠나 해외에서 살 때는 이러한 구심점이 선명하게 부각되었다.

예부터 중국은 해외로 이주하는 중국인들을 반역자로 취급했다. 그러니 정부는 그들의 복지 문제에 대해 신경을 쓸 까닭이 없었다.

본국 정부의 보호와 관심을 받지 못하는 화교들은 나름대로 단체와 조직을 만들 수밖에 없었다. 동향인 단체·동종 조합·종친회·주거지 단체·자선단체, 그리고 삼합회 등이 그것들이다.

그러니 서양인들로서는 중국인을 대할 때면 누가 누구이며, 어떤 단체에 속해 있는 사람인지 알 수가 없어 한참 동안 어리둥절하기가 일쑤이다. 하지만 그 원인을 알고 나면 화교들의 이러한 복잡 다양한 인간관계도 쉽게 이해할 수가 있을 것이다.

중국인들에게는 전통적으로 피해망상증과 신비주의의 색체가 대대로 이어져 내려왔다. 이것은 탐관오리의 탄압으로부터 스스로를 지키려는 자기 방위 본능에서 비롯되었다.

화교들이 가족과 친척보다도 더욱 중요하게 생각하는 것은 출신 지역을 구심점으로 한 결속이다. 즉, 출신 지역으로 뭉쳐진 동향인 조직이 화교 사회에서는 가장 중요한 조직이라 할 수 있다.

30
화교의 영웅 정화

삼보태감三保太監 **정화**鄭和

화교의 영원한 영웅인 정화의 본명은 마화로 명나라 건국 초기이던 1371년 윈난성의 회복 가정에서 태어났다. 회족은 몽골과 터키족의 피가 섞인 종족으로 이슬람교를 신봉한다.

그의 조부와 부친은 이슬람 교도로서 메카에 참배한 적이 있었는데, 이들이 성지 순례 중에 겪었던 새로운 문물에 대한 이야기는 어린 마화에게 큰 영향을 끼쳤다. 이 같은 특수한 가정 환경에서 성장하면서 마화는 아라비아어와 중국어를 배웠고, 서역의 지리와 풍속을 익힐 수 있었다.

1381년, 명나라 군대가 몽골족의 남은 세력을 제거하기 위해 윈난 지방을 침공했다. 그들은 온갖 공포심을 조장하고 순종을 강요하기 위해 어른, 아이 가리지 않고 모든 남자들을 모조리 거세시켰다.

당시 열 살이던 마화도 이때 명나라 군사에게 붙잡혀 거세당했다. 그리고 2년 뒤에는 홍무제의 아들 주체의 내시로 발탁되었다. 주체는 나중에 조카를 내쫓고 황제의 자리를 빼앗은 영락제이다.

마화는 20세 초반에 이미 키가 2m를 넘었고 우람한 체구에 눈빛이 몹시 빛났다고 전해진다.

그는 『손자 병법』을 열심히 공부했다. 그는 전쟁의 신 관제 삼국지에 나오는 관운장를 닮았다는 이야기를 많이 들었다. 중국인들에게 있어서 전쟁의 신과 재화의 신은 동일하게 취급된다.

건장한 체구와 뛰어난 전략을 갖춘 마화는 주체가 조카인 건문제와 싸운 4년간의 '정난의 변' 때 많은 공을 세웠다. 이윽고 주체가 영락제가 되자 마화는 환관의 최고 지위인 태감에 임명되었다. 그 까닭에 사람들은 그를 '삼보태감'으로 불렀다. '삼보'란 석가모니·불경·신도를 일컫는 말이다.

태감의 직위에 오른 마삼보에게 황제는 정이라는 성씨를 하사했으며, 그 뒤 그의 이름은 정화가 되었다.

정화는 곧 거대한 함대를 이끌고 대항해를 떠나게 된다. 그의 원양함대는 28년1405~1433이라는 긴 세월 동안 잔바남 베트남와 인도, 그리고 페르시아 만과 홍해를 넘어 멀고 먼 아프리카 케냐의 해안까지 7차에 걸쳐 총 37개국을 방문했다.

제1차 대 항해는 영락 3년1405년에 있었다. 이때 정화가 거느린 함대의 규모는 큰 배 62척에 2만 7천 8백여 명의 승무원이 승선했다. 이 거선들은 남경의 보선창에서 건조된 것으로 길이

150m, 폭 62m이었다고 기록되어 있다.

　전문가들에 의하면 이 배는 현재의 8천 톤급 선박에 해당된다는 것이다. 이 정화의 대항해가 있은 지 93년 후에 바스코 다 가마가 아프리카의 남단 희망봉을 최초로 항해함으로써 역사에 그 이름을 남기고 있다. 그러나 그때의 기함이 겨우 120톤이었다는 사실을 감안한다면 정화가 거느린 함대가 얼마나 거대하였는지를 짐작할 수 있으리라.

　이 함대의 규모가 너무나 엄청났기 때문에 명나라 역사서에 기록된 정화의 함대 규모는 중국의 과장된 기록이라 하여 오랫동안 신빙성이 없는 것으로 여겨졌었다.

　그러나 1957년, 난징 교외의 보선창터에서 발굴된 거대한 키에 의해 그 기록에 과장이 없음이 증명되었다.

　정화는 중국 상인들의 뛰어난 항해술 덕분에 비단에 그려진 항해도를 따라 큰 어려움 없이 항해할 수 있었다. 그리고 둥근 원통에 물을 담고 수면 위에 자기를 띤 바늘을 띄운 나침반도 항로를 찾는 데 큰 도움이 되었다.

　영락제가 정화에게 이처럼 대규모적인 항해를 명령한 목적은, 명나라의 국세를 외국에 과시하여 그들이 명나라를 종주국으로 받들게 하자는 데 있었다. 종주국이라고 해서 내정을 간섭하자는 것은 아니고, 그들과 신하의 관계를 맺고 그 나라에게 무역을 허용하는 것이 황제의 뜻이었다.

　정화는 기항하는 나라마다 이 같은 명나라의 취지를 들어 설득했다. 이때 대부분의 나라는 정화에게 설득당해 신하의 관계를 맺는 국서를 제출하고 교역에 찬성했다.

기록에 의하면 정화가 교역한 상품은 중국 상품으로 도자기·비단이 주종을 이루었고, 외국 물품은 후추·용연향·진주·산호를 비롯하여 사자·표범·아라비아 말·타조 등 그 당시 매우 진기한 짐승도 포함되어 있었다.

정화의 함대를 당시의 사람들은 '서양 취보선'이라고 불렀다고 하는데. 그 이름대로 사치품의 수입이 많았다.

겉으로는 국위 선양과 외국과의 교역이 정화 함대의 목적이었으나 그의 마음속에는 비밀스런 또 하나의 목적이 있었다.

그것은 난징의 궁궐에 불을 지른 후 행방불명된 영락제 이전의 황제인 건문제의 행방을 찾는 일이었다. 영락제와 건문제의 관계는 마치 우리나라의 수양대군과 단종의 경우를 생각하면 알기 쉽다.

다만 단종은 죽임을 당했으나 건문제는 탈출하여 죽었는지 살았는지 그 행방을 알 수가 없다는 점이 다를 뿐이다.

당시에도 동남 아시아에는 많은 화교들이 살고 있었다. 그러므로 혹시 건문제가 그쪽으로 탈출하여 화교들의 추대를 받아 다시금 황제로 복귀할 공산도 있었다.

이러한 가능성을 염려한 영락제는 정화 함대에게 건문제의 행방을 찾으라고 은밀한 명을 내렸다는 설이 설득력 있게 전해지고 있다. 하지만 건문제의 행방은 정화의 7차에 걸친 항해에도 불구하고 끝내 찾지 못했다.

정화는 항해 중에 현지의 세력들과의 직접적인 충돌을 가능한 한 피했다. 하지만 부득이 피할 수 없는 충돌이 일어났을 때는 곧장 정벌했다.

제1차 항해 때는 수마트라의 팔렘방을 지배하는 해적의 두목 진조의가 반항하자 무찔렀고, 자바섬의 내란 중 부하가 희생당한 것을 엄중 항의하여 자바 왕으로부터 황금 6만 냥의 배상금과 사죄를 받아 냈다.

그리고 제3차 항해 때는 실론 왕과의 전투가 있었다. 이때 정화는 기습 작전으로 궁전을 공격하여 왕을 포로로 잡았다. 실론 왕은 명나라로 연행되었다가 얼마 후에 석방되었다.

정화가 거느리는 함대는 이상의 몇 가지 사건을 제외하고는 가는 곳마다 평화적이고 공평한 교역을 시행함으로써 각국 사람들로부터 열렬한 환영을 받았다. 많은 나라가 명나라와 우호 관계를 맺고 국왕·추장·왕자·왕족·사절을 정화의 함대에 탑승시켜 중국을 방문토록 하였다.

이렇게 정화는 국위를 크게 선양하고 교역을 하는 등 대임을 완수했다. 제6차 항해에서 명나라에 귀환했을 때는 1,200여 명의 각국 사절과 상인들이 난징에 와서 활발한 교역을 했다.

동남아 각국의 왕들도 난징을 방문하여 영락제가 주최한 성대한 환영 파티에 참석했다는 기록도 남아 있다.

정화의 마지막 제7차 항해에서는 멀리 아프리카까지 방문하여 기린, 코끼리 등 진기한 동물을 싣고 돌아왔다. 귀국한 정화는 얼마 뒤 세상을 떠났다. 그의 정확한 사망 시기는 알 수 없지만, 아마도 마지막 항해에서 돌아온 이듬해쯤으로 추측되고 있다.

정화는 당시까지 전 세계의 누구보다도 장거리를 항해했다. 또한 24장의 놀랍도록 정확한 항해도, 안경을 비롯한 많은 서양의 물건을 중국에 처음으로 소개하였다.

그의 항해의 성공은 일반 중국인들에게 항해와 교역에 뛰어들겠다는 용기를 심어 주었다.

그 뒤 정화의 뒤를 이어 해상무역에 종사하는 인구가 급증했으며 화교의 숫자도 급격히 늘어났다. 그리고 정화는 화교들의 영웅으로 영원히 그들 가슴 속에 아로새겨져 있다.

아마도 정화는 신의가 두터운 인물이었을 것이다. 약속은 반드시 지켰을 것이 틀림없다. 만약 그의 불신 행위가 있었다면 곧장 배척당하므로 7차례의 항해를 성공했을 리 만무하다. 오늘날 아시아 곳곳에서 정화를 기념하는 유물들을 볼 수 있는 것도 그 한 예라 할 수 있다.

그가 살았던 난징 지방에는 삼보향·삼보탑·삼보촌이 있어서 정화를 기념하고 있다. 인도네시아의 화교들은 매년 정화가 처음 기항했던 날을 기념하여 삼보공묘三寶公廟를 방문한다. 말라카의 가장 오래된 우물은 '삼보쿵'으로 불리며, 태국의 삼보사에서는 정화에게 올리는 향불이 지금도 계속되고 있다.

31
화교의 영웅 정성공

풍운아 정성공鄭成功

1644년, 만주족의 청나라의 군대가 마침내 명나라의 수도 베이징을 함락시켰다. 베이징을 겨우 탈출한 명나라의 잔여 세력들은 베이징의 안평진으로 몰려들었다.

이때 푸젠성의 지배자는 정지룡이었다. 그는 평생 동안 해적 생활을 하다가 뒤늦게 명나라에 귀순하여 해방유격이라는 관직을 받았다. 그 직책은 해적을 진압하는 제독이었다.

강남으로 피난 온 명나라의 유신들은 정지룡을 찾아가며 만주족에 대항하는 군사를 일으킬 것을 요청했다. 하지만 정지룡은 명나라는 이미 쇠퇴하여 청나라를 제압할 힘이 없음을 누구보다도 잘 알고 있었다. 그는 만주족에게 투항하여 자기의 사업권과 군사통치권을 유지시킬 음모를 꾀했다.

하지만 그의 음모는 아들의 강력한 반대에 부딪혔다.

정지룡의 아들 정성공은 태어날 때부터 남다른 특색이 있었다는 전설이 전해져 내려오고 있다. 그는 1624년 8월 28일에 일본 히라도에 있는 화교들의 요새에서 태어났는데, 그가 태어날 때 밤하늘에 이상한 빛이 서렸다고 한다.

그의 어머니는 일본인이었으므로 정성공은 중국뿐 아니라 일본에서도 꽤 유명하다. 히라도에는 그를 기리는 기념비가 세워져 있으며, 일본 소설에서도 종종 주인공으로 자주 등장한다.

1646년 여름, 청나라 군사는 파죽지세로 푸젠성을 향해 밀려들어왔다. 정지룡은 그들과 싸울 뜻이 전혀 없었으나, 마지못해 남의 이목 때문에 군사를 이끌고 출전했다.

이때 그의 아들 정성공도 출전했으나 정지룡은 아들이 거느린 군사들에게 지급되는 군량미를 모두 빼앗았다. 정성공은 하는 수 없이 푸주로 퇴각했다.

아들이 회군하는 순간 그의 아버지는 청나라 군사에게 항복했다. 그 소식을 들은 정성공은 바다로 나가 반청 활동을 계속했다.

정성공이 반청 활동을 계속하기 위하여 집을 떠날 때 지금까지 입고 있던 옷들을 모조리 벗어 던지고 관복으로 무장을 갖춘 후 공자의 묘를 참배했다고 한다.

그는 청나라에 투항한 아버지와 다른 길을 걷겠다는 결의를 다진 것이다. 그리고 반청 투쟁의 결의를 나타내는 깃발에 '살

부보국殺父報國'이라고 크게 썼다고 하는데, 아마 구부救父의 오기였으리라. 이것은 청나라에 투항한 아버지를 포로로 비유하여 이를 구출한다는 뜻으로 풀이해야 할 것이다.

정성공은 차츰 지지 세력을 규합해 나갔다. 그는 정치적인 면의 재능과 조직력이 탁월했다.

그리고 친척일지라도 군법을 어겼을 때는 가차없이 처형할 만큼 누구에게나 공평했으며 엄격했다. 군사들에게는 엄격한 훈련을 실시하고 부대의 기강을 확립했기 때문에 그가 거느린 군사들은 정예 부대로 청나라 군사에게까지 소문이 자자했다.

또한 전쟁에 나갈 때에는 군사들에게 주민의 재산을 약탈하는 행위를 절대 금지시켰다.

정성공은 함대를 이끌고 북상하여 청나라의 기지를 차례차례 함락시키고 난징에까지 도달하였다. 하지만 난징성 밑까지 진격한 정성공의 부대는 갑자기 대패를 맛보았다.

협력을 약속하였던 반청 세력이 막상 전투가 벌어지자 그 누구도 나타나지 않았고, 도리어 청나라의 구원군이 후방을 공격했기 때문에 많은 사상자를 내고 퇴각하였다.

북벌에 실패하고 다시 바다로 돌아올 수밖에 없었던 정성공은 이제 영구적인 본거지를 확보해야 하는 처지가 되었다. 그는 추정자 2만 5천 명과 선박 350척을 이끌고 1661년 4월에 타이완으로 향했다.

당시의 타이완에 네덜란드가 점령하고 있었으므로 함부로

쳐들어 갈 수가 없었다. 그러나 그때 타이완에 있는 네덜란드 동인도 회사에서 통역관으로 일하던 하빈이라는 화교가 전에 대만의 상황을 들려 준 것을 생각했다.

"타이완은 비옥한 땅이 사방 천 리나 되어 왕업을 이룰 만한 곳이니 정벌하여 네덜란드의 세력을 몰아내십시오."

정성공은 하빈의 이야기를 떠올리고 타이완을 새로운 근거지로 만들 결심을 했다.

정성공의 함대는 타이와의 서해 중간에 자리 잡고 있는 네덜란드군의 요새 앞 바다에 닻을 내렸다.

마침내 치열한 전투가 벌어졌다. 그러나 결국 전투는 9개월 만에 정성공의 승리로 막이 내렸다. 이때가 1662년 2월 1일이었다.

그리하여 타이완은 38년 동안의 네덜란드의 식민지 지배에서 벗어났다. 타이완의 원주민과 백성들은 뛸 듯이 기뻐했다.

이때부터 타이페이에는 큰 변화가 일어났다. 백성들의 고혈을 착취하는 세금이 사라지고, 쇠로 만든 농구가 널리 보급되어 농업의 생산량이 크게 늘었다. 또한 푸젠성 연안으로부터 수십만 명의 이주민을 받아 들여 그들을 타이완 개발의 인력자원으로 활용하였다.

정성공은 타이완의 원주민인 고산족에 대해서도 신경을 써 몸소 그들의 촌락을 방문하여 그들의 애로 사항을 듣고 시정할 것은 즉시 시정하도록 지시했다. 그래서 고산족들은 정성공이 찾아왔다는 소문만 들으면 너도나도 모두 술과 안주를 들고 모여들었다.

정성공은 관제나 법률을 새로 제정하고 학교를 세워 후진교육에도 힘을 기울였다. 하지만 타이완을 중국에 복귀시킨 후 1년이 채 못 되어 39년의 젊은 나이로 말라리아에 걸려 세상을 떠났다.

그러나 그 후에도 정성공의 아들과 손자들이 19년 동안 타이완을 통치하다가 1683년 청나라에 투항하여 반청의 꿈은 사라지고 말았다.

뜻은 원대했지만 가망성이 없었던 정성공의 반청 활동은 그의 사후에도 수많은 지하조직을 탄생시켰다. 반청복명의 지하조직의 이야기는 TV극이나 영화로 자주 접할 수 있다.

정성공이 세상을 떠난 후 청나라는 남부의 연안에 사는 수백만 명의 한족들이 명나라의 탄압을 피해 바다를 건너서 타이완으로 몰려들었다. 탈주한 중국인들은 서로 결연을 맺고 자신들만의 행동 규칙을 만들어 꿈을 키워 갔다.

그 누구의 간섭도 받지 않는 자유로운 해양 제국을 꿈꾸었던 정성공의 뜻은 결코 꺾이지 않았다. 전 세계로 퍼져나간 화교들이 그의 꿈을 이어가고 있으니까 말이다.

32
고국으로 돌아오는 화교들

우리는 우리나라에 거주하고 있는 중국인들을 가리켜 화교라고 부른다. 그러나 화교의 뜻은 '임시 거처지'라는 의미를 담고 있다.

엄밀히 말해 외국에 거주하는 중국인을 중국에서는 크게 셋으로 나누어 구분하고 있다.

첫째는 화교로서 외국에 장기간 거주하든 단기간 거주하든 계속 중국의 국적을 지니고 있는 사람을 말한다. 즉, 법적으로는 엄연히 중국인인 셈이다.

둘째는 화인華人으로 화교와는 달리 거주국의 국적을 취득한 사람을 말한다.

셋째는 화예華裔로서 화교나 화인의 후손을 의미한다. 이들은 대부분 외국의 국적을 취득하고 있다.

중국은 역사적으로 여러 차례에 걸쳐 민족의 대이동을 겪었다. 대체로 전쟁이 직접적인 원인이 되었지만 평상시에도 천재

지변에 따라 엄청난 인구의 이동이 있었다.

중국은 본래 농업 국가였으므로 가뭄이나 홍수, 또는 각종 갑작스런 자연환경의 변화에 의해 수없이 많은 이농자가 발생했다. 그리고 대이동은 크게 두 가지 유형으로 나눌 수 있다.

하나는 국내에서의 이동이고, 또 다른 하나는 해외로의 이동이다. 오늘날의 이민이라고 할 수 있겠지만 의미상으로는 그 차이가 크다.

요즘의 이민은 정치, 경제, 또는 문화적으로 보다 나은 고향을 위해 떠나는 것이 보통이다. 그러나 화교의 경우는 이상을 위해서라기보다는 오직 생존 그 자체가 목적이었다. 즉, 파산당한 수많은 중국인들은 먹고 살기 위해 인신매매와 준노예의 신분으로 동남아시아나 미국 등지로 이주해 갔다.

이들이 곧 정식 화교의 시초인 셈이다.

중국인들은 몹시 근면하고, 그들은 어느 곳에서도 집단으로 일을 한다. 그리고 술을 마시고 떠도는 멕시코인이나 이탈리아인 이민자들과 달리 성실하게 열심히 돈을 모은다.

그들은 백인 노동자의 절반 정도의 임금을 받으며 열심히 일을 한다. 중국인들은 온갖 역경을 딛고 돈을 벌어서 고국으로 돌아가는 경우가 매우 드물다.

그들은 현지에 뿌리를 박고 중화요리점이나 세탁소, 과일 가게를 차려서 돈을 번다. 그러나 1990년에 들어서면서부터 세계 화교의 역사에 커다란 변화가 생겼다.

지금까지 중국인들이 해외로 나가는 것을 '외류外流'라고 하면, 밖으로 나간 사람들이 중국 대륙으로 돌아오는 '내류內流'와 함께 화교의 거대한 자본이 갑자기 중국으로 돌아오고 있다.

이들의 자본이 지금 중국 경제의 발전을 지탱하고 있다.

33
화교의 낙원 싱가포르

한국·홍콩·타이완·싱가포르는 아시아의 네 마리 용이라 일컬어졌으며 전 세계의 주목을 받았던 나라들이다. 그들의 눈부신 경제 발전은 부러움과 시기심의 대상이었다.

그러면 현재 이 네 마리 용은 어떻게 되었나?

한국은 IMF시대를 극복하고 지금은 한창 발전하고 있다. 홍콩은 중국에 반환되어 경제가 뿌리째 흔들리고 있으며, 타이완은 더 이상의 경제 발전을 이루지 못하고 주춤거린다. 다만 싱가포르만이 착실하고 확실하게 경제발전의 속도를 늦추지 않고 있다.

이 네 마리의 용 중에서 싱가포르가 이처럼 경제성장을 할 수 있는 까닭은 과연 무엇일까? 그 이유를 알아보기로 하자.

싱가포르는 영국인 스템퍼드 래플스에 의해 건설됐다. 그는 네덜란드의 세력에 대항하기 위해 함대를 이끌고 말라카 해협 남단의 투마시크 항구에 기항해 있었다.

1819년 1월 래플스는 네덜란드 동인도회사를 견제하기 위해 이곳에 싱가포르라 불리는 요새를 구축했다. 래플스가 도착하기 수세기 전에 전설적인 화교의 영웅 정화가 이미 이곳에 기항했었다.

그리고 그가 싱가포르에서 말라카에 이르는 해안 지역을 지배했던 역사가 있다.

그 후 이 지역은 계속 번창하여 래플스가 기항했을 당시의 싱가포르는 국제적인 화물 집산지였다. '해상도시'라는 뜻을 지닌 투마시크는 로마 제국 시대부터 말레이·중국·아랍 상인들이 모여서 교역을 하던 상업의 요새였다.

하지만 래플스가 싱가포르 요새를 구축할 당시 섬에는 겨우 120명의 말레이인과 30명의 화교들만이 살고 있었다. 자바로부터 해적들이 수시로 침입해 항구를 파괴했기 때문이었다.

이곳에 살던 원주민은 이미 5백 년 전에 말라카로 모두 이주했다. 그러나 1823년이 되자 싱가포르의 인구는 만 명으로 늘었고, 이 중 3분의 1이 화교였다.

그로부터 6년 후 조호르주의 술탄은 이 섬을 영국에 인도하였다. 이때부터 싱가포르에는 남지나해에 뿔뿔이 흩어져 있던 화교들을 유혹했다. 싱가포르에는 마닐라나 바타비아_{자카르타}에서는 찾아볼 수 없는, 사용인과 고용인 사이에 협조적인 분위기가 있었기 때문이었다.

영국인 관리들은 다른 식민지의 관리에 비해 친절하고 인정이 있었다. 화교조직의 간부들은 영국인 관리들이 정치적으로나 상업적으로 올바른 체계를 가지고 있다고 판단했다.

이러한 판단이 화교 사회에 널리 퍼지자 화교들은 뛰어난 자본가가 나타나기 시작했다. 영국인과 화교들은 합심하여 낙원을 이룩하기 위해 성심껏 노력했다.

그 결과 싱가포르는 세계의 다른 어느 곳에서도 찾아보기 힘든 성공 사례를 창조했다. 싱가포르에 이주한 중국인들은 대부분 농사꾼·상점 종업원·도시의 근로자 출신들이었다.

그들은 이곳에 놀러 온 것이 아니라는 것을 잘 알고 있었다. 그래서 절약, 계속 절약하면서 고향에도 송금하고, 자라나는 아이들을 흐뭇한 표정으로 바라보면서 현실의 어려움을 이겨냈다.

덩샤오핑이 싱가포르를 중국 경제 발전의 모델로 삼았다는 것을 모르는 중국인들은 없다. 하지만 그의 희망이 이루어진다는 것은 훨씬 훗날이면 모를까, 현재는 어림없는 희망 사항일 뿐이다.

싱가포르는 수많은 다국적 기업들과 관영기업들이 서로 조화를 이루면서 강한 경제 체질을 키워 왔다. 싱가포르 정부는 다국적 기업을 유치하기 위해 세제의 우대 조치, 최고 수준의 교육시설과 의료시설·공공설비·운송설비·도로·통신·항만·공항 같은 최상급의 사회간접 시설과 민원 서비스를 마음껏 제공했다.

싱가포르에서는 관공서에서 길게 줄을 설 필요가 없다. 정부 관리들의 수뢰 행위는 없어진 지 이미 오래이다.

또한 환경을 깨끗하게 보전하기 위해 길거리에서 침을 뱉는 행위 등 경범죄는 무거운 벌금과 처벌을 받게 되어 있다.

3천 개의 외국 기업체가 이곳에 공장 또는 회사를 설립했으며, 이 중 8백 개 기업이 미국의 회사이다. 그리고 싱가포르 산업은 자본금의 80% 이상이 외국계 기업으로부터 조달된 것이다.

싱가포르 국민들은 자신들이 속해 있는 공사公司의 소유주들이다. 따라서 모든 국민이 모기업인 싱가포르를 위해 일하고 있다고 해도 과언은 아니다. 나라가 성공할 것이라는 것은 너무도 명백한 사실이다.

학교의 상술

제3부

34
빈손으로 집안을 일으키다

15세의 한 중국 소년이 화물선 갑판에서 먹고 자며 마침내 샌프란시스코에 도착했다.

허름한 옷차림의 그가 가지고 있는 것이라곤 허름한 이불과 냄비, 그리고 샌프란시스코의 차이나타운에 있는 한 음식점 약도와 소개장뿐이었다.

그는 친척이 경영하는 중화요리점의 종업원으로 부지런히 일해 온 지 3년이 지났을 때, 그는 대여섯 명의 손님이 들어와도 비좁아 보이는 작은 음식점을 차렸다. 그 가게는 지저분한 뒷골목에 위치한 데다, 물론 셋집이었고, 먹고 자는 것 또한 상점에서 해결했다.

그로부터 다시 3년 후, 그는 옆집을 사들였다. 물론 아주 작은 가게였다. 전의 비좁던 가게는 개조하여 다른 동양인에게 임대해 주었다.

또다시 5년이 지났을 때, 마침내 그는 근처의 조그마한 빌딩까지 소유하게 되었다.

이 이야기는 미국에 건너온 지 20년밖에 되지 않았는데도 현재 LA에 빌딩을 비롯한 수백만 달러의 자산을 가지고 있는 한 화교의 이야기다.

그는 어떤 누구로부터 결코 어떤 특별한 혜택을 받은 것이 아니다. 화교로서는 흔한 성공 사례의 한 예에 불과할 뿐이다.

'빈손으로 집안을 일으킨다自手成家'라는 말이 있듯이, 민들레 씨처럼 어디선가 날아와서 꽃을 피우는 화교 - 그들의 강인한 생활력은 어디서 나오는 것일까? 그것은 어디까지나 기본 자세를 잊지 않는 데 있다.

하루도 쉬지 않는다.
게으름을 피우지 않는다.
아침 일찍부터 밤 늦게까지 열심히 일한다.
그들은 전해져 내려오는 상술을 철저하게 따르며 나와 상관없는 말에는 일체 귀를 기울이지 않는다.
이윤을 적게 남기더라도 많은 양을 판매하는 것을 지향한다.
한 번 팔았던 물건은 절대로 다시 현금으로 바꾸어 주지 않는다.

그렇다고 그들은 병이 나도록 무리하게 일하지는 않는다. 화교들이 남달리 식사에 신경을 쓰는 것도 건강이야말로 최고의 재산이라는 것을 잘 알기 때문이다.

  그쯤이야 굳이 말하지 않더라도 상식적으로 누구나 아는 사실이라고 말하는 사람도 있을 것이다. 하지만 아는 것과 실행하는 것과는 많은 차이가 있다. 그것을 실행할 수 있는 사람만이 화교의 비밀에 도전할 수 있을 것이다.

35
적은 자금으로 독립한다

화교들은 결코 다음과 같이 말하지 않는다.

"나는 조국에서 도망쳐 나왔다."

대신 이렇게 말한다.

"나는 이국 땅에서 사업을 일으키려고 왔다."

이것은 앞을 향해 항상 전진하며 살아나가려는 그들의 적극적인 자세의 표현이다. 노력만 하면 어떤 꿈이라도 반드시 이룰 수 있다고 화교들은 굳게 믿고 있다.

어떤 일을 새로 시작하거나 장사를 하려고 할 때 필요한 것은 우선 자본이다. 하지만 그것이 전부는 아니다. 가장 중요한 것은 의지, 즉 하려고 하는 굳은 마음의 자세이다.

'돈이 필요하다면 손을 움직여라.'

화교는 이 말을 신조로 삼고 있다. 그들은 다른 사람의 밑에서 육체 노동만 계속한다면 고개를 바로 들 수 있는 기회가 없다는 것을 자녀들에게 항상 강조한다.

사실 돈벌이만을 보더라도 회사에 근무하는 것은 장사하는 것보다 못한 경우가 대부분이다. 회사에서 아무리 출세의 길을 걷고 있더라도 체면을 생각하지 않고 장사를 한다면 그보다 더 많이 벌 수 있다고 화교들은 생각한다.

그래서 그들은 남에게 고용당하는 것을 매우 싫어한다. 어떤 장사든 그들은 우선 독립할 생각부터 한다.

물론 샐러리맨 중에도,

'얼마의 돈만 모이면…….'

하고 독립의 기회를 항상 노리며 철저히 준비하고 있는 사람도 있다. 하지만 '충분한' 자본이 만들어지기를 기다리고 있다가는 그 기회가 언제 올지 아무도 모른다.

아무리 독립을 꿈꾸고 있다고 하더라도 눈앞에서 그 기회를 놓쳐 버린다면 아무것도 되지 않을 것이다. 독립하겠다고 결심했으면 지금 당장 시작해야 한다.

자본금이 조금밖에 없더라도 개의치 않는다. 문제는 하려고 하는 마음가짐뿐이다.

"과연 무엇을 시작해야 좋을지 가르쳐 주십시오."

이렇게 매달리는 사람이 의외로 많다. 그러나 그것은 오직 자신만이 발견해야 하는 것이다. 주변의 환경이나 시기에 따라 손님의 대상도 달라지고 상품의 종류도 달라지게 마련이다. 화교는 이런 경우 적극적으로 나선다. 혈연, 지연이 없는 곳이라면 최소한의 자금으로 거리에서 땅콩 장수를 시작할 것이다.

물론 꼭 땅콩 장수를 하라는 법은 없다. 하지만 대부분의 화교는 식품을 파는 일로 독립의 길을 찾을 것이다.

중국에서는 옛날부터 쌀·소금·기름·된장·식초·차·파·땔나무의 8가지 생활 필수품을 취급하는 장사가 비록 이윤은 적고 몸은 고달프지만 가장 손쉽고 확실한 장사로 생각해 왔다. 이 장사는 재고가 남아도 상할 염려가 없으니 좋고, 파산할 염려도 없다. 그리고 최소한의 밑천은 남는다.

하여튼 장사에 자신이 없다고 미리 겁먹고 포기하는 것은 어리석기 짝이 없다. 장사의 성공 여부는 재능보다는 그 일을 해내려는 자신의 마음가짐과 끈기에 달려 있는 것이다.

지금 도쿄의 신주쿠에서 3개의 식당을 경영하는 유씨의 입지전은 화교 세계에서도 매우 유명하다. 그가 맨 처음 아내와 단 둘이서 독립했을 때는 대여섯 명의 손님만으로도 꽉 찰 정도의 비좁은 스낵 코너였다.

간혹 생일을 맞이한 손님이 일행과 함께 케이크를 주문하면 부부 중 하나가 뒷문으로 살짝 빠져 나가 이웃 제과점에서 가져다가 원가로 팔 정도였다. 케이크를 만들 시설자금도 없었고, 원료를 대주는 도매상에서도 외상을 주지 않기 때문이었다.

그대로 10여 년을 끈기 있게 참고 열심히 일하는 동안 자금과 신용이 쌓여 차츰 가게를 넓혀 갈 수 있었다. 성공하겠다는 굳은 마음가짐, 그것이 오늘의 유씨를 화교 사회에서 존경받는 인물로 성장시킨 밑천이었다.

36
친척끼리의 계로 사업자금을 마련한다

10년 전, 장씨는 무일푼으로 태국의 방콕에 도착하여 친척의 창고에서 숙식하며 종업원으로 열심히 일했다. 마침내 그는 동네 변두리에 조그마한 공간을 빌려 잡화상을 차렸다.

이어 항구의 뒷골목으로 자리를 옮겨, 부도가 나는 바람에 창고에 쌓아 둔 물건을 수소문해서 싼값에 구입했다. 그리곤 항구를 드나드는 선원들을 상대로 열심히 장사를 했다.

그로부터 몇 년 뒤에 장씨는 큰길가에 작은 토산품점을 차리게 되었고, 이때 근처의 수많은 땅이 그의 소유라는 소문이 은밀하게 나돌기 시작했다.

"에이, 설마 그렇게 많은 돈을 벌었을 리 없어!"

많은 사람들이 이렇게 반신반의하는 사이에 토산품점 옆에 10층 규모의 빌딩이 세워졌고, 여러 회사와 점포들이 입주를 마쳤다. 그런데 이 빌딩의 소유자는 바로 그 장씨였던 것이다.

이러한 일화는 화교 세계에서는 그리 놀라운 일이 아니다.

세계 어느 나라에서나 어느 날 갑자기 화교가 거부가 되어 지역사회에 우뚝 서는 경우는 수없이 많다.

그러면 장씨의 성공 비결은 무엇이었을까? 무일푼이었던 그를 거부로 이끌어 준 원동력은 과연 무엇이었을까?

중국인들은 같은 성씨이거나 고향 출신이라면 결코 남이라고 여기지 않는다. 어느 해 '우리 모두 친척'이라는 콩트가 홍콩에서 발표된 적이 있었는데, 그것을 읽은 중국인들은 모두 무릎을 치며 고개를 끄덕였다고 한다.

처음 만난 다섯 사람이 우연히 함께 자리를 같이 했다. 먼저 진陳씨 성을 가진 사람이 물었다.

"성씨가 어떻게 되시는지요?"

"이李씨인데요."

"아, 그래요? 제 애인의 성이 이씨인데 그럼 우리는 친척이군요."

두 사람은 반갑게 악수를 했다. 진씨가 다시 옆 사람에게 물었다.

"성씨가 어떻게 되시는지요?"

"저는 왕王씨인데요."

"그럼 고향은 어디인가요?"

"베이징입니다."

"뭐라고요? 저도 베이징인데…… 그럼 동향이군요."

역시 반갑게 인사를 한다.

세 번째 사람은 주朱씨였다. 그러자 진씨가 말했다.

"어릴 때 주씨 할아버지를 방문한 적이 있지요. 우린 인연이 있군요."

마지막 사람은 성成씨였다.

그는 너무 반가워하며 손뼉을 쳤다.

"친척이군요!"

"아니, 저는 진씨가 아니고 성씨인데요?"

"진씨나 성씨나 비슷하던데요, 뭘……."

진과 성은 중국어로는 발음이 매우 비슷하다.

이처럼 중국인들은 같은 성씨나 고향을 몹시 따진다. 그리고 그런 사람끼리 서로 의지하면서 살아간다.

화교는 무슨 일이든 열심히 하면서 조그만 계를 든다. 그것이 돈을 모으는 첫 걸음이다.

여러 종류의 계가 있지만 그 중에서 가장 적은 금액의 계에 들게 되고, 그 곗돈은 직장의 주인이 대신 내준다. 이윽고 자기 차례가 되어 약간의 목돈을 손에 쥐게 되면 그 즉시 독립할 수 있는 작은 사업을 구상하기 시작한다.

친한 사람끼리는 금전거래에 보증서나 보증인이 필요 없는 화교 사회에서는 계모임에서도 물론 담보나 인감이 필요 없다. 그 대신 고용인을 빨리 독립시켜서 화교 사회에 조그마한 도움이라도 주도록 하기 위해 돈을 대주면서도 그가 하는 일에는 절대 관여하지 않는다.

물론 그와 같은 경우는 철저히 신뢰할 수 있는 사람에게만 해당되는 이야기이다.

주인의 마음은 여유가 있다. 자신이 뒤를 돌봐 줄 젊은이가 자립하여 큰 점포를 갖추고, 안정된 일을 찾아내 자기와 같은 위치에 이르렀을 때 반대로 언젠가는 그로부터 도움을 받을 수 있기 때문이다. 이것은 너무 계산적이라고 할 사람도 있겠지만, 이것이 바로 화교의 세계이다.

하여튼 그렇게 독립한 새로운 주인은 자신이 은혜를 입은 그대로 다음 젊은이에게 베풀어 준다. 그런 식으로 화교들은 점점 기반을 다져간다.

물론 의지할 수 있는 주인이 없더라도 친척끼리의 계모임은 자금을 만드는 데 큰 도움이 될 것이다.

다른 나라 사람들의 경우, 독립하기 위한 사업자금은 오직 자기 힘으로 한 푼 한 푼 모으거나 타인으로부터 빌려야 한다고 생각한다. 하지만 계모임은 적은 금액으로 몇 년만 있으면 목돈을 모을 수 있다는 것이 장점이다.

자본이 없는 사람에게 아마도 그보다 좋은 방법은 없을 것이다. 더구나 그것으로 끝나는 것이 아니라 다시 얼마쯤 시간이 흐르면 자신의 차례가 돌아와서 목돈이 생긴다면 그 얼마나 큰 도움이 되겠는가.

37 단기간의 높은 이윤에 집착하지 마라

화교들이 즐겨 쓰는 이 말은 원래 중국에서 가장 오래된 『시경』에서 빌려 온 것이다. 시경 〈소아小雅〉편에 이런 시가 쓰여 있다.

> 많은 시냇물이 불어나 산이 갑자기 무너져
> 높은 봉우리는 깊은 계곡으로, 계곡은 구릉으로 변했구나.

이 시는 세월이 흐르면 산하도 그에 따라 변한다는 뜻이다. 화교들은 이것을 경영에 비유해 단기간의 이익에 너무 집착하지 말라는 의미로 받아들이고 있다.

그들은 장기적인 계획으로 안정된 경영 목표와 효과를 추구한다. 이것은 마치 댐이나 저수지, 그리고 물탱크와 같은 것이다.

즉, 우기에 물을 저장해 두었다가 건기에 사용하는 것이다. 단기간의 영리만을 도모하려는 계획을 세워 원대하고도 안정된 발전을 추구하는 화교의 경영방식이 바로 이것과 같다.

홍콩의 환구 항운의 회장이자 국제 유조선협회 회장인 포옥강包玉剛은 석탄을 쓰는 한 척의 낡은 증기선으로 시작하여 20년 만에 총 톤수 규모에서 세계 제일의 원양선박을 거느리는 해운계의 황제라 불리는 인물이다.

오늘날의 그가 있기까지는 운도 따랐겠지만 결정적인 작용을 한 것은 그의 독특한 경영방식이었다.

1955년, 포옥강은 처음 해운회사를 설립하고 이때 낡은 화물선 한 척을 사들임으로써 세계 해운계에 첫발을 들여놓았다. 당시 해운계에서 통용되고 있던 운임비의 계산법은 운항거리로 계산하는 편도 임대법이었다.

이때 세계 경제가 호황을 누리고 있던 터라 유조선 한 척이 중동을 한 번 다녀오면 약 5백만 달러의 수입을 얻게 된다. 그러나 포옥강은 이런 단기간의 높은 이윤에 집착하지 않고 선박 임대료를 도리어 인하했다.

그는 대신 장기 계약을 체결하는 방법으로 안정된 경영방침을 선택했다. 그리고 투기성 경영을 될 수 있는 한 피하고, 예측이 가능한 위험부담을 최대한으로 줄였다.

이런 방법은 경제가 불황일 때 실행하는 경영이다. 해운업계에서 볼 때 포옥강은 분명 이단아였다.

하지만 포옥강은 위험 부담이 두려워서 적은 이익을 사수하는 꾀죄죄한 인물은 결코 아니었다. 그와 반대로 그는 원대한 포부를 품고 있었던 것이다.

그는 오랫동안 금융업에 종사했기 때문에 운송비의 이윤으로는 선박을 빨리 확충하기가 근본적으로 불가능하다는 것을 너무나 잘 알고 있었다.

회사의 신속한 발전을 위해서는 은행으로부터 장기 저리대출을 받는 것이 필수적이었고, 또 그런 대출을 받으려면 은행의 신용이 무엇보다도 중요했다. 은행으로 하여금 자신의 사업에 전망이 있어 장기적으로 이윤을 볼 수 있다는 사실을 믿게 만들어야 했다.

그는 처음 구입한 화물선을 믿을 만한 해운업자에게 싼 가격으로 장기 임대해 준 다음, 그 사용자와 함께 은행을 찾아가서 장기 저리대출을 신청했다.

또한 다음에 구입하는 화물선마다 같은 방식을 취해 은행을 신임을 계속 쌓아 갔다. 70년대 중반, 전 세계를 경악시킨 석유파동은 포옥강의 경영방침이 옳았음을 뚜렷이 입증했다. 그의 경영방식은 위기 속에서도 안정되게 난관을 헤쳐 나갈 수 있는 지침으로 작용했던 것이다.

38
실제로 접해 보라

'**백문**百聞이 불여일견不如一見'이다라는 격언을 모르는 사람은 아마도 없을 것이다. 그런데 화교의 가르침에는 여기에다 한 구절이 덧붙여져 있다. 곧 '백견은 불여일행'이다.

'일행'이란 실제로 행동으로 옮겨 본다는 뜻이다. 따라서 이 가르침은 계속 '지켜보지만 말고 실제로 접해 보라'는 말이 된다. 화교는 그만큼 신중하다.

이 말을 실감하려면 홍콩이나 싱가포르의 전당포를 가 보면 된다. 그곳의 전당포는 거의 대부분 화교가 운영하고 있다. 그들은 고객이 들고 온 물건을 매우 주의 깊게 샅샅이 살핀 뒤에야 보관을 하고 돈을 내준다.

도쿄의 긴자에 빌딩을 가지고 있는 중화요리점, 수퍼마켓을 경영하는 임씨는 언젠가 현재의 빌딩 자리인 땅을 사도록 일본인 친구로부터 권유받았다.

그래서 일단 그 장소에 가 본 임씨는 이튿날부터 매일같이 도시락을 싸 가지고 그곳에 나가 하루 종일 열심히 관찰했다.

'몇 시쯤 어느 방향에서 어느 방향으로 사람이 많이 다니는가, 또 어떤 부류의 사람이 다니는가'를 직접 조사하기 위해서였다. 그렇게 한 달 동안을 계속 조사한 후에야 비로소 '여기 같으면 장사가 되겠다'고 확신하고는 그 땅을 샀다.

그는 땅만 있으면 되겠지, 하는 생각이 아니라 훨씬 뒤의 일까지 면밀히 따졌던 것이다. 임씨가 그 거래를 결정하게 된 것은 철저하게 자신의 눈으로 직접 확인한 데서 오는 자신감과 신뢰감이었을 것이다.

타이완의 재벌 왕영경이 중국 본토에 진출하려고 했을 때도 물론 그런 경우였다. 중국측에서는 거액의 투자를 기대하면서 귀가 솔깃하게 좋은 여러 가지 조건을 제시했다. 실패의 어두운 그림자는 어디에서도 찾아볼 수 없었다.

하지만 왕영경은 직접 중국을 방문해 공장의 부지를 둘러보았다. 그런데 공장 부지에는 상·하수도는 물론 도로도 없었다. 물론 공장의 직공에게 필요한 주택과 교육 시설도 전무했다. 요컨대 공장을 건설할 기반시설이 전혀 갖추어져 있지 않았던 것이다. 왕영경이 투자를 단념한 것은 당연한 일이다.

한 마디로 말해 상대방이 아무리 좋은 조건을 제시한다 하더라도 끝까지 의심을 풀지 않고 자신이 직접 조사하고 확인하는 것이 화교들의 생각인 것이다. 화교는 일단 자기가 결정하고 일을 시작한 다음에는 설혹 잘못되더라도 결코 자신을 한탄하거나, 남에게 책임을 전가하지 않는다.

의심이 많다는 것과 '분수를 안다'는 낙천성의 상반된 기질을 갖고 있는 화교는 아무리 고생을 해서 얻은 것이라도 막상 잃게 되면 깨끗하게 포기한다.

그들은 몇 번이고 거듭 분석해 본 후, 마침내 안 되겠다는 확신이 서면 그 일은 없었던 것으로 하자며 두 번 다시 입 밖에 내지 않는다.

그 대신 어떤 일을 결정을 하기 전에는 상대방을 철저하게 의심한다.

"지금 결정하지 않으면 다른 곳에 알아보겠소."

하고 상대방이 압력을 넣어도,

"정 그렇다면 그쪽과 계약하시죠. 인연이 닿지 않으면 아무리 노력해도 맺어지지 않는 법이니까요."

하며 태연스럽게 말하고 결코 탐내는 기색을 상대방에게 전혀 보이지 않는다. 그처럼 상대의 요청을 냉담하게 거절하는 것도 화교다운 면모라고 하겠다.

39
비록 피해를 입더라도 침묵한다

세상을 살다 보면 누구나 남에게 속은 경험이 한두 번쯤은 있을 것이다. 만일 없다면 상대방의 마음을 꿰뚫어 보는 혜안을 가지고 있거나, 인간미가 전혀 없는 냉혈한일 것이다.

그런데 잘 살펴보면 남에게 속임을 당하는 때는 대개 피해자 쪽이 약점을 드러냈거나, 욕심이 발동할 때일 것이다.

그리고 상대방에게 사기를 당하여 경제적, 정신적 손실을 입으면 홧김에 무슨 말이든 함부로 내뱉게 된다. 그러면 체면을 손상당하고 만다.

대부분의 사람들은 행방을 감추었거나, 집에 있으면서도 없다고 따돌리는 가해자를 악착같이 찾아서 손해를 배상하라고 멱살을 잡는 것을 당연하게 여긴다. 심지어 어떤 사람은 폭력배를 동원해 협박하는 짓도 서슴지 않는다.

하지만 화교들은 이와 다르다. 몇 번 만나서도 결말이 나지 않을 때는 깨끗이 포기해 버린다.

그리고 그 후에는 그 문제에 대해 단 한 마디도 꺼내지 않는다.

"그 일은 이제 끝났습니다."

라고 말한 후 두 번 다시 사람들 앞에서 절대로 그 일에 대해 말하지 않는다.

'남의 허물을 잡담이나 술안주로 삼지 말라'는 격언이 있다. 사실 되풀이하여 이야기하게 되면 소심한 사람이라며 자신의 인격까지 의심받게 된다.

어느 날 LA의 한 화교가 많은 동료들에게 금전적인 피해를 주고 행방불명이 되었다는 소문이 난 적이 있었다.

"나는 얼마를 사기당했다."

라고 말하는 화교는 한 사람도 없었다고 한다.

만약 그 사실을 입 밖에 내게 되면 그 일에 대해 전혀 몰랐던 사람까지 덩달아

"저 사람은 멍청하게 속을 정도로 정말 어리석은 자였군."

"평소에 욕심을 그렇게 부리더니 결국 당했군."

하며 나쁜 쪽으로 소문이 나 버리기 때문이다. 그리고 그렇게 행방불명이 되었던 사람이라도 몇 년 후에는 다시 돌아와서,

"정말 죽을 죄를 졌습니다. 무슨 처벌이라도 달게 받겠습니다."

하고 채무자가 피해자에게 머리 숙여 사죄하며 당시 빌렸던 돈에 이자까지 덧붙여 갚게 된다면 그의 신용은 전과 같아진다.

"그때는 정말 곤란했던가 봐요. 그때 단 한 마디라도 어려운 사정을 우리들에게 이야기했더라면 다들 이해하고 도와주었을 텐데……."

이렇게 말할 수 있는 것이 바로 화교들의 의리인 것이다. 반대로 말하면 화교 사회에서는 신뢰를 배반하면 그 사회에서 살아갈 수 없다는 뜻이다. 이것은 화교 사회에서 발을 붙이고 살아갈 수 없다는 뜻이다.

이것은 화교의 사회에서 대단히 중요한 일이다.

그래서 화교의 세계에서는 부도어음이 없다고 해도 과언이 아니다. 그들은 말로 한 약속도 계약한 것과 마찬가지로 여긴다.

한국에서는 어음을 부도 내도 별로 죄의식을 느끼지 않는다. 회사가 망했다고 해서 목숨이 왔다갔다하는 일이 아니기 때문이다.

그러나 화교 사회에서는 부도를 내면 끝장이다. 동료를 배반했기 때문에 이제 그 지역에서는 도저히 살아갈 수가 없다.

다른 곳으로 이사를 해도 '저 사람은 믿을 수 없다'는 말이 항상 따라다니기 때문에 살아갈 수 없다. 그러니 무슨 수를 써서라도 부도를 막아야 하고, 만약 부도를 냈더라도 그것을 전액 채권자에게 변상하지 않으면 절대로 화교 사회로 다시 복귀할 수가 없다.

40
큰 그물이 큰 고기를 잡는다

자본이 많으면 많을수록, 투자가 크면 클수록 많은 돈을 번다는 중국 속담이다. 화교 중에서도 출신에 따라 많은 차이가 있다. 중국인들이 즐기는 우스갯소리가 있다.

만약 여기에 1만 원이 있다면 상하이인은 백만 원짜리 물건을 사고 1만 원을 내민다. 광둥인은 1만 원 중에서 9천 원은 저금하고 1천 원으로 장사를 한다.

푸젠인은 아무것도 하지 않는다.

"와, 여기 돈이 있다! 돈이 있어!"

하고 호들갑을 떠는 사람은 하이난인이다.

산둥인은 만 원을 가진 사람에게 접근해 강도짓을 한다.

어디까지나 우스갯소리이지만 우리의 경우처럼 중국인들도 지방색이 매우 강하다. 특히 광둥인에 대한 험담이 많은데, 그들이 무서워하는 것이 세 가지가 있다는 말이 널리 퍼져 있다.

광둥지역에서는 운송이나 경작 수단으로 쓰이는 동물은 말이 아니라 물소였다. 따라서 광둥인은 말을 탈 기회가 거의 없어서 자연히 말타기를 무서워한다는 것이다.

두 번째는 마괘이다. 마괘란 윗옷에 덧입는 일종의 조끼이다. 광둥은 기후가 따뜻하기 때문에 마괘를 입을 필요가 없는데도 험담의 대상이 된다.

마지막으로 관어官語이다. 관어란 베이징어를 말한다.

발음이 전혀 다르기 때문에 베이징어를 하지 못하는 광둥인이 의외로 많다. 이것도 비웃음의 대상이 된다.

특히 상하이인과 광둥인은 사이가 나쁘다. 관광객이 광둥인과 만나려고 하면,

"광둥인은 멍청하니까 상대하지 마세요."

하고 상하이인이 험담을 하고, 광둥인 역시 상하이인을 욕한다.

"상하이인은 모두 사기꾼이니까 조심하십시오."

위에 소개한 우스갯소리는 얼마쯤 사실을 대변하고 있는 것으로 여겨진다. 사실 상하이인은 적은 돈으로 큰 장사를 하기 때문에 홍콩에서 크게 장사하는 중국인은 거의 상하이 계통의 화교들이다.

역사가 이를 증명하고 있다. 즉, 중국의 금융업은 상하이인이 개척해 오늘날의 부흥을 이루었다고 해도 과언이 아니다.

금융계 화교들의 선조를 살펴보면 대부분이 자신의 일가를 주요 고객으로 하는 전당포를 운영했다. 금을 매매하고 소규모

의 이자놀이를 하는 전당포는 부유한 가문이 잉여자산을 굴리는 전통적인 방식이었다.

특히 남송 시대 중국 전역에 퍼져 있는 전당포와 고리대금업자는 농민과 상인들에게 아주 중요한 자금 대출원이었다.

이렇게 거래가 활발해지자 각 전당포들은 다른 지방에서 은 교환이 가능한 어음을 발행했다. 중국에서는 은이 금을 대신하여 화폐의 기본이었기 때문이다.

그러나 이 어음은 발행처의 일가에 속한 사람들 사이에서만 유효했지 다른 사람에게는 마치 휴지조각이나 다름없었다. 하지만 큰 규모의 대금업자들은 수취인의 신분을 따지지 않고 자기가 발행한 어음을 제시할 경우 끝까지 책임을 지는 무한 책임 어음을 발행했다.

남송 시대부터 상하이 부근의 영파는 중국 민간은행의 효시라 할 수 있다. 이곳은 광둥 지방의 하문과 함께 대외무역의 중요한 항구였다.

그러나 하문은 조정의 관리들이 엄격하게 관리해 높은 관세를 매겼지만, 영파는 밀무역의 중심지였다. 서양의 무역상들은 이곳에서 최고급의 비단과 차를 쉽게 입수할 수 있었다.

그리고 이곳에 자리잡은 은행들은 양쯔강 유역뿐만 아니라 전국의 주요 도시에 지점을 둘 정도로 규모가 매우 커졌다. 이들은 자신들의 파산을 막기 위해 서로 긴밀히 협력하고 조합을 결성했다.

그들의 은행은 수세기 동안의 밀무역을 통해서 경쟁한 은행들과는 비교할 수 없는 큰 성공을 거두었다.

19세기 후반에 접어들자 상하이는 외국 은행들의 중심지가 되었다. 이에 따라 영파계 은행들도 속속 상하이로 들어왔다.

이때 이들은 식민지 종주국 은행들이 상하이에 개설해 놓은 수많은 지점들이 아주 빠른 송금 체계를 갖추고 있는 데 깜짝 놀랐다.

서양의 은행들은 유한 책임과 금융의 내역 공개를 통해 소유주들의 위험 부담을 줄이는, 중국인으로서는 미처 상상도 못한 경영기법을 도입하고 있었던 것이다. 그리하여 그들은 여러 계층의 고객들이 부담 없이 거래를 텄다.

반면에 중국계 은행들은 여전히 혈연과 지연에 얽매어 그야말로 매우 적은 고객들을 상대하고 있었다. 또한 외국계 은행들은 영향력이 막강한 지역의 유지들을 대리인 또는 매판외국무역상이나 공사관에 고용되어 중국인과 교섭을 하는 자으로 고용하여 사업을 계속 확장했다.

매판 자본·매판 기업·매판 외교 등 '매판'이란 글자가 들어간 단어는 무조건 매국노의 의미를 가리키는 것은 이때부터다.

상하이로 진입한 중국 은행들은 물론 서구식 금융체계에 큰 관심을 가졌다. 그러나 서양인과 중국인들은 재정상의 이유로 서로 적대시하며 거리를 두었다.

다음 세기에 들어서서야 비로소 이들 사이에 다리가 놓이게 되었다.

20세기 초에 들어서자 상하이는 일약 국제적인 도시로 부상했다. 외국은 물론 국내 통상의 주요 거점으로 떠오른 상하이는 각국의 주요 도시와 전신망을 구축했다.

또한 은화가 국제무역의 결제통화로 쓰이게 되었다. 그러자 국내 은행들도 곳곳에 지점을 설치하고 어디서나 통하는 신용권을 자체적으로 발행했다.

해외에 지점을 개설한 것도 이때부터였다. 그러나 국내외 지점들은 여전히 지연을 중시했으며, 오직 충성심과 비밀주의를 고수했다.

은행가 · 해운업자 · 지점장 · 매판 등 모든 직종에서 토종 은행들은 같은 고향 사람들만 고용했다. 하지만 이들은 정보와 경험 부족으로 개인구좌 업무나 어음 교환의 업무 같은 국제적인 금융업은 제대로 수행하지 못했다.

이와 같이 기술조차도 엄격하게 대외비로 관리되었다. 그러나 영국의 차터스 은행이나 홍콩의 상하이 은행에서 중국인의 고용이 점차 늘어나면서 금융 업무의 절차가 상하이 은행에까지 알려지게 되었다.

그때까지만 해도 화교들은 자기 고향의 은행에 돈을 맡기려는 경향이 강했기 때문에 외국 은행에서 어느 정도 업무 경험을 쌓은 후에 그만두었다. 그리곤 외국 은행을 모방한 개인 은행을 창립했다.

이들 중국계 은행들은 상하이의 제조업을 비롯하여 각종 산업 분야에 계속 투자했으며, 이에 따라 중·일 전쟁이 일어나기 전에 이미 송씨 일가와 같은 자본가 세대를 배출했다.

1940년대에 상하이에는 4개의 중국 은행, 14개의 외국 은행, 388개의 중국계 민간 은행이 있었다.

1930년 전성기의 상하이는 아시아 각지에서 추방된 사람들이 가장 선호하는 도피처였다.

황포강을 따라 이어지는 해안도로는 신식 건물이 줄지어 서있었다. 석조로 건축된 건물에는 뉴욕·런던·파리의 은행지점들이 즐비했고, 상하이인 소유의 백화점에는 각종의 상품과 외국산 고가품들이 진열장을 꽉 메웠다.

밖에는 뉴욕의 밤거리처럼 네온사인이 번쩍거렸고, 미국제 포드 자동차나 영국 제 자동차가 누더기를 걸친 행인들 사이를 빠져 나가고 있었다. 석탄·철·고무·콩·비단·담배·아편 등이 수많은 거부들을 탄생시켰다.

큰길을 따라 양쪽으로 선술집이 즐비했고, 곳곳에 나이트 클럽이 성업 중이었다.

영국인·미국인·백러시아인·유대인·프랑스인 등 세계 각지에서 모여든 사업가와 도피자들이 상하이에서 중국인과 어우러져 함께 생활했다.

1949년, 대륙이 공산주의자들에게 넘어가면서 부유한 상하이인들은 대 탈주를 시작했다. 재산은 이미 해외의 은행에 빼

돌려 놓았기 때문에 큰 짐보따리를 들고 갈 필요는 없었다.

그들은 신중하게 탈출 준비를 했다. 맨 처음 재산을 빼돌리고, 그 다음에 가족을 피신시켰다.

그들이 선택한 곳은 홍콩이었다. 이때 영국의 식민지 정부는 그들을 간섭하지 않았으며, 세금은 낮고 게다가 쉽게 갈 수가 있었다. 맨 처음 홍콩으로 이주한 피난민들은 오랜 기간 동안 준비를 해 왔던 엘리트 계층이었다. 이들 다음으로 도착한 사람들은 중산층, 그리고 맨 마지막으로 빈곤 계층이 홍콩 사회에 합류했다.

기업가 피난민들은 치부를 위해서가 아니라 자신들이 소유한 부를 지키기 위해서 홍콩으로 이주했다. 하루에 8편의 항공기가 이들을 상하이에서 홍콩으로 실어 날랐다. 탑승객 중에는 전문 기업가와 금융인들이 수천 명에 달했다.

최상부에 금융인들이 있었는데 그들은 홍콩의 모습을 변모시켰다. 그들은 돈을 어떻게 벌고 운용하는지 누구보다도 잘 알고 있었다. 그들의 피땀 어린 노력은 홍콩을 금세 통신위성 시대에 걸맞는 모습으로 변모시켰다.

당시의 상하이들은 한눈에 척 알아볼 수 있었다. 최고급 양복에 가지런히 빗질한 머리, 반짝거리는 구두는 어디서나 유별나게 티가 났다.

예의가 없고, 게으르고, 천박한 광둥인들에 비해 상하이인들은 훨씬 교양 있고 유능하며 품위가 있었다.

당시 광둥인들은 빈민가에서 떼지어 살았다. 물론 개중에는 양복을 입은 사람도 있었으나 무척 어색해 보였다.

홍콩의 새로운 그들은 이미지는 산뜻한 사업가 풍모의 상하이인이 만들었다고 볼 수 있다. 그들은 이미 서구식 금융산업을 체험했기 때문에 그 누구보다도 이 방면에서 앞서 갔다.

이들은 아무런 두려움 없이 홍콩에 있는 영국계의 견실한 은행을 찾아갔다. 그들의 당당한 태도와 풍부한 금융지식에 감탄한 영국계 은행들은 두 말 없이 자금을 대출해 주었다.

탈출할 때 도피시킨 자금과 대출 받은 자금으로 상하이인들은 홍콩에 은행을 설립했다. 수십 개의 상하이계 은행들이 삽시간에 홍콩의 금융 산업을 바꾸어 놓았다.

서구의 은행들이 제자리걸음을 하고 있을 때, 상하이인들이 세운 은행들은 급속히 성장하면서 아시아 전역으로 사업 영역을 계속 확장해 나갔다.

41
고국의 전통을 당당하게 지켜 나간다

태국은 전체 인구의 약 20%가 화교이다. 방콕은 그 두 배로 약 40%를 차지한다.

화교들은 주로 도시에 집중되어 있기 때문이다. 그리고 그들은 전국의 상공업 자산의 90%와 은행자본의 50%를 차지하고 있다.

태국 자본의 반은 화교가 차지하고 있는 것이다. 하지만 그들은 중국인이라는 사실을 내세우지 않고 태국인이라고 한다.

태국뿐만이 아니다. 동남 아시아 대부분 경제권은 화교들이 쥐고 있다.

말레이시아의 상장기업의 주식 총액은 약 200억 달러인데 그 반은 화교 자본이다. 380여 개의 회사 주식이 성장되어 있는데, 그 가운데 320개 회사가 화교계이다. 화교들이 말레이시아의 경제를 실제로 장악하고 있는 것이다.

인도네시아의 경제도 80%는 화교가 장악하고 있고, 싱가포르는 화교가 만든 나라니까 두 말할 나위가 없다. 필리핀도 예외는 아니다.

필리핀에는 대기업이 76개 있는데 화교가 전국 영업 총액의 3분의 2를 차지하고 있다. 또한 수도 마닐라에 있는 중소기업은 대부분 화교가 소유하고 있다.

태국의 수도 방콕은 고층 빌딩들이 속속 치솟고 있다. 완성된 빌딩은 시공자가 일부를 사용하는 경우도 있으나, 사무실이나 상가로 임대해 주는 경우가 대부분이다.

그런데 그 빌딩 임대 광고문에는 '店鋪貸與점포대여'라고 한자로 쓰여 있다. 옆에 태국어가 쓰여 있지 않은 경우도 많다.

태국 정부에서는 외국어 추방 운동을 강력하게 추진하기 위해 외국어, 외래어의 간판 사용을 전면 금지하고 있다. 외국어 간판을 사용하면 세금의 10배에 해당하는 돈을 내야 하므로 금전에 인색한 화교가 이런 모험을 감행한다는 것은 극히 이례적이라 하겠다.

태국의 전통 음식을 시식하기 위해 태국인이 경영하는 식당을 찾은 관광객들은 당황할 때가 많다. 메뉴판이 모두 태국어로 되어 있기 때문이다.

하지만 중화요리점은 메뉴판이 3개 국어로 쓰여져 있다. 태국어·한자·영어로 되어 있다. 그래서 언제나 손님들로 만원이다.

빌딩의 임대 안내문이 한자로 되어 있는 데도 또 다른 이유가 있다. 그러한 빌딩을 임대할 수 있는 재력을 갖춘 사람은 화교 이외에는 거의 없기 때문이다. 물론 그 빌딩의 소유자도 대부분 화교들이다.

화교의 특성은 거주하고 있는 국가에서 최대한 잘 적응하기 위해 노력한다는 점이다. 그리고 모국인 중국 전통의 가정교육·풍속·언어를 고스란히 지켜 나간다.

특히 모국어인 중국어는 반드시 가르친다. 2세 교포가 한국말을 몰라 영어로만 대화하는 우리와는 다른 모습이다. 이 일은 우리 모두 곰곰이 생각해 볼 문제이다.

42
위기가 닥치면 재빨리 몸을 피하라

1920년대, 푸젠성에서 임소량이라는 청년이 인도네시아 중부 자바섬으로 이주했다. 이미 그곳에는 많은 화교들이 자리를 잡고 있었다.

사람들은 임소량이 처음 왔을 때는 무일푼으로 까막눈이었다는 얘기를 자주 한다.

그러나 사실은 그의 친척 중 몇 사람은 이미 그 지역의 최고 갑부였으며, 화교 8명 중 1명은 그와 같은 고향 출신이었다. 당시 젊은 청년이었던 임소량은 이민 초기에는 돈이 없어 고생했겠지만, 동향인들이 늘 그를 도와주었다.

임소량은 형이 운영하는 소규모의 코코넛 기름 사업에 동참하는 것으로 화교 생활을 시작했다. 이들 형제는 얼마 안 되어 사업 방향을 바꿔 담배회사에 향료를 납품하였다.

그런데 그들은 정향나무에서 채취하는 이 향료를 다른 납품 업자보다 낮은 가격으로 팔았기 때문에 납품을 독점하게 되었다. 그것은 밀수품이라 값이 매우 쌌던 것이다.

임소량은 순조롭게 부를 쌓아 1966년에 이미 억만장자가 되어 있었다. 대통령이 된 수하르토는 임소량을 불러 이렇게 말했다.

"지금 당신들 중국인에 대해 우리 국민은 좋지 않은 감정을 품고 있소. 그러니 주식을 하루 빨리 공개하여 종업원들에게 나눠 주는 것이 어떻겠소?"

당시 인도네시아의 화교는 그 나라 경제의 8할을 장악하고 있었다. 그러니 인도네시아인들이 화교를 좋게 볼 리가 없었다.

"우리는 먹고 살기에도 힘든데 중국놈들은 떵떵거리며 산단 말이야. 이거 안 되겠군!"

그들이 불만의 폭발점에 다다랐다는 것을 임소량은 잘 알고 있었다.

"대통령 각하, 곧 그렇게 조치를 취하겠습니다."

임소량은 대통령의 요청을 즉석에서 받아들여 자기의 회사 종업원들에게 주식을 분배했다. 당연히 이때 매스컴은 이 사실을 대대적으로 보도했다.

그 때문에 임소량에 대한 평판은 대단히 좋아졌고, 화교에 대한 감정도 많이 수그러들었다. 그 이후 임소량의 사업은 순풍에 돛을 달았다.

수하르토가 정권을 잡은 지 2년 만에 임소량은 전 세계 정향나무 향료의 상권을 모두 장악했다. 잔지바르와 마다가스카르

산 향료의 90%가 그를 통해 거래되었다. 그뿐만 아니라 수하르토의 이복동생과 함께 무역회사를 설립하여 수입 향료 가격의 2배나 되는 판매가를 보장받았다.

그는 인도네시아의 제분과 시멘트산업의 독점권을 따냈으며, 정부로부터 거액의 자금지원과 수출허가권을 얻었다. 그래서 그는 자기 자본 투자의 위험을 걱정할 필요 없이 고무와 커피 수출업에 착수할 수 있었다.

이러한 좋은 기반 위에서 그는 목재업 · 광산업 · 금융업 · 고무산업 · 섬유산업 · 보험업 등으로 사업을 확장했다. 그리고 그의 중앙 아시아 은행은 인도네시아에서 가장 큰 민간 은행으로 자리 잡았다.

이제 임소량은 인도네시아의 거부가 아니라, 전 세계적으로 대표할 수 있는 화교 거부 중 한 사람이 되었다. 개인적으로도 10억 달러 이상의 재산을 가진 세계 12대 거부의 명단에 올라 있다.

'작은 일은 그냥 넘길 수 있으나, 큰 일은 재빨리 끝맺음 해야 한다' 는 중국 격언이 있다. 사소한 일은 적당하게 넘길 수 있으나, 위기가 닥치면 재빨리 대처하라는 뜻이다.

이 격언은 경영자가 꼭 기억해야 한다. 무엇이 큰일이고, 무엇이 작은 일인지를 판단하는 눈이 없다면 사업에서 결코 성공할 수가 없다.

만약 그 당시 임소량이 수하르토 대통령의 요청을 거절하거나 묵살했다면 오늘날의 그의 부와 명예는 과연 존재할 수 있었을까?

그리고 여기서 반드시 짚고 넘어갈 것이 있다. 그때 임소량이 종업원에게 주식을 분산시킨 회사는 수십 개에 달하는 그의 그룹 계열사 중 2개의 지나지 않았다는 것이다.

2개의 회사의 경영권을 포기하고, 그 대신 엄청난 독점권을 획득한 임소량이야말로 '작은 일'과 '큰 일'을 구별할 줄 아는 빼어난 경영인이라 할 수 있을 것이다.

43
상품을 잘 포장하여 구매욕을 자극하라

불상은 척 보기만 해도 무척 유서 깊고 오래된 문화재라는 인상을 흔히 받게 된다. 많은 화교가 거주하는 동남 아시아에 가면 집 안에 모셔놓은 불상이나 그들이 자주 가는 절의 불상은 모두 도금을 해서 번쩍번쩍 광채를 내는 경우를 종종 볼 수 있다. 그들은 금으로 도금을 한 부처님이야말로 집 안에 부를 가져올 수 있다고 굳게 믿고 있다.

비즈니스 세계에서 화교들은 상품의 포장으로 소비자의 구매욕을 자극하는 판매 전략을 '상자를 팔고 진주를 돌려받는다'라고 흔히 말한다. 이것은 『한비자』에 나오는 다음과 같은 옛 이야기에서 비롯되었다.

초나라의 상인이 정나라로 진주를 팔러 갔다. 그 상인은 화려하게 문양을 수놓은 상자를 만들어 큰 진주를 그 안에 넣었다.
정나라 사람은 화려하면서도 향이 코를 찌르는 상자가 무척 마음에 들어 비싼 가격으로 샀다. 하지만 진주는 상인에게 돌려주었다.

한비자는 이 이야기를 빌려 진주의 가치를 못 알아본 정나라 사람을 비꼬았다. 그러나 이 이야기는 상품의 포장이 얼마나 중요한가를 말할 때 즐겨 비유된다.

만약 정교하고 아름다운 상자가 아니었다면 정나라의 사람은 진주를 거들떠보지도 않았을 것이기 때문이다.

'사람은 옷이요, 말은 안장'이란 말도 있듯이 상품의 포장은 생산한 곳에서 소비의 지역으로 상품을 이어 주는 줄과 같다. 즉, 포장은 상품을 보호하고 휴대를 편리하게 해 주는 기능에 그치지 않고, 소리 없는 판매원의 역할을 하는 것이다.

처음 만난 사람에 대한 판단이 대부분 그 사람의 겉모습으로부터 영향을 받는 것과 마찬가지다. 하지만 단순히 포장의 아름다움만 추구하여 결코 '빛 좋은 개살구' 식이 되어서는 안 된다.

또한 '썩은 짚으로 진주를 싼다'는 식으로 물건 자체의 값어치를 깎아 내려서도 절대 안 된다.

44
친목회에서 정보를 수집한다

화교들은 친목회를 매우 좋아하여 출장이나 여행으로 부재 중일 때를 빼놓고는 반드시 참석한다. 친목회는 사업하는 데 필요한 정보를 얻을 수 있는 절호의 기회이기 때문이다.

동창회·향우회·등산회·낚시회·골프회, 그리고 각종 계 모임 등 친목회는 그 종류도 다양하고 모이는 사람도 천차만별이다. 물론 화교들을 위한 신문이 있지만, 대부분 일주일에 한 번 발행되는 주간 신문이므로 정보가 매우 늦다.

따라서 그들은 장사에 관계되는 정보는 입을 통한 정보에 의존할 수밖에 없다. 화교들의 아내들도 친목회에는 적극적으로 참석한다.

"어서 빨리가 보세요. 친정 어머니의 병문안은 저 혼자 가도 돼요."

하면서 남편의 등을 떼민다. 그러나 우리나라의 경우는 어떠한가?

"무슨 모임이 그렇게 많아요? 함께 가기로 약속했잖아요."

그러면 아내의 이런 바가지에 남편은 참석할 엄두가 나지 않는다.

그리고 사업이 제대로 되지 않거나, 친구들보다 출세가 조금 늦기라도 하면 그 자신도 모임에 나가기를 꺼린다. 자신의 주머니 사정이 넉넉하지 않으면 회비를 내는 것도 무척 부담스럽다.

이렇게 한두 번 빠지다 보면 모임과는 점점 더 멀어지게 된다. 그렇게 되면 친구들이나 고향 사람들이 멀리 사라져 버리고 만다.

"그 친구 요즘 통 볼 수가 없는데 아마 사업이 잘 되지 않는 모양이야. 그러니 이번 일은 다른 곳에 일을 맡기자고."

장난감 공장을 운영하는데 모임에 참석하지 않아 장난감을 놓친다면 그 얼마나 원통하겠는가. 그러므로 사업이 어려울 때일수록 모임에 참석하지 않으면 안 된다. 그리고 모임에서 어깨를 축 늘어뜨리거나 죽는 소리를 해서는 안 된다. 자연스럽게 앉아만 있어도,

"자네 요즘 사업이 잘 안 된다고 들었는데 괜찮은가? 내가 잘 아는 사람이 있는데……."

하고 친구가 술잔을 들고 옆자리에 찾아오기 마련이다. 그리고 도움이 꽤 될 만한 정보를 알려 주기도 한다.

친목회에 참석하는 것은 여러 모로 이득이 될 것이다. 그래서 화교들은 모임에 반드시 참석한다.

45
결코 허황된 꿈을 꾸지 않는다

화교들이 즐겨 자녀들에게 들려 주는 이야기가 있다.

주나라 때 주평만이라는 사람이 기술을 배우기 위해 집과 땅까지 팔아 치우고 먼 길을 떠났다. 그런데 그가 3년 뒤에 돌아와서 하는 말이,

"용을 잡는 기술을 배우고 왔습니다."

라고 하였다. 그러면서 용을 어떻게 붙잡아야 하며, 어떤 무기를 써야 하는지, 그리고 머리는 어떻게 눌러야 하며, 배는 어떻게 갈라야 하는지 등등 장황하게 솜씨 자랑을 늘어놓는 것이었다.

이때 한 사람이 조용히 물었다.

"그대가 배웠다는 용 잡는 기술은 정말 대단히 묘하군요. 그런데 도대체 어디에 가서 용을 잡는단 말이오?"

그러자 주평만은 아무런 대꾸도 하지 못하는 것이었다.

지금 우리나라 경제는 움츠러들고 장사도 사업도 잘 되지 않는다고 울상을 짓는다. 또 어떤 사람들은 '불경기는 기회다' 라든지, '위기는 기회다' 라고 언젠가 읽은 책의 구절을 떠올리고는,

"불황에서 살아남는 방책을 우선 생각하라."

"자신의 발상을 과감하게 전환하라."

하고 입에 개거품을 머금는다. 물론 이 말은 분명히 좋은 말이지만, 보통 사람의 머리에서 그런 멋진 방법이 쉽게 떠오르는 것은 아니다. 이럴 때 화교는 아무런 생각도 하지 않는다. 그들은 쓸데없는 일에 골치를 썩히지 않다.

"그런 건 시간 낭비야."

하며 그들은 단순 명료하게 육체 노동을 생각한다. 즉, 지금까지 10시간 영업을 했다면 불경기일 때는 영업시간을 12시간으로 늘린다.

또는 새벽 영업이나 심야 영업을 계속한다. 그래도 안 된다면 아예 24시간 영업을 한다.

우리나라 사람들은 걸핏하면 불경기를 남의 탓으로 돌린다.

"정부의 시책이 나쁜 탓이야."

자신이 호경기 때 흥청망청 돈을 쓴 것은 까맣게 잊어버린다. 그리곤 큰 소리로 외친다.

"정부는 책임을 져라! 내 직장과 보너스를 돌려 다오."

그렇지만 화교는 국가나 정부를 믿지 않는다. 그들은 정부가

어떻게 구제해 줄 것이라는 기대를 하지 않는다.

또한 주위에서 도와줄 것이라는 꿈도 절대로 꾸지 않는다. 그저 자기 몸뚱이만을 혹사시키면서 열심히 돈을 벌고 저축을 한다.

화교들은 일확천금을 노리다가 남은 것마저 모두 날려 버리는 도박판이나 경마장은 결코 찾지 않는다.

모든 것은 결국 인내력의 승부이다. 참고 견디면 언젠가는 반드시 다시 일어설 수 있다는 신념 - 이것이 불경기에 대한 화교들의 비상한 대책이다.

46
이름으로 가게의 손님을 끈다

독특하고 기억하기 쉽고 부르기 쉬운 이름은 상품의 가치를 무한대로 높여 줄 수 있다. 그러나 이것은 상품의 품질을 향상시키는 것 이상으로 매우 어려운 일이다.

그러나 화교는 이 어려운 관문을 교묘하게 통과하는 기발한 재주를 지니고 있다. 그것은 어디까지나 시대의 흐름을 정확히 꿰뚫는 그들의 혜안이 비결이다.

10년 전에 일본의 경제가 세계를 지배한 적이 있었다. 초강대국인 미국조차 우리 물건을 사 달라고 애걸하다시피 하고, 일본의 관광객은 전 세계를 돌아다니면서 값비싼 보석이나 미술품을 수집하는 데 열을 올리고 있었다.

결혼식도 이러한 소비의 열기 속에 호화판이었다. 이때 인기를 끌며 불티나게 팔리는 상품이 하나 있었다.

한 화교 무역상이 필리핀에서 수입한 '백년해로 동굴'이라는 신상품이 그것이다. 그 상품의 수입 가격은 단돈 1달러였다.

하지만 그 화교는 예쁜 상자에 신상품을 넣어서 무려 3천 엔에 팔았다. 그런데도 그 상품은 없어서 못 팔 정도로 대히트를 쳤던 것이다.

'백년해로'란 '해로동혈借老同穴'이란 고사성어에서 파생된 단어로 살아서 함께 늙고, 죽어서 같은 무덤에 묻힌다는 뜻으로 일생을 화목하고 순탄하게 마치는 부부를 일컫는데 이것은 실제로 존재하는 해로동혈이란 바닷물고기에서 비롯된 말이다.

남태평양에서 사는 작은 새우가 있다. 이 새우는 새끼 때 암수 한 쌍이 어쩌다가 돌 틈으로 들어갈 때가 있다. 그러다가 성장하여 몸집이 커지면 돌 사이에서 빠져 나올 수 없게 되어 결국 그 돌 속에 갇혀 두 마리가 죽을 때까지 함께 지내게 된다. 그래서 '백년해로 동굴'이라는 이름이 붙여진 것이다.

이 이름은 장차 부부가 될 남녀나 갓 결혼한 신혼부부에게 영원히 아름답고 행복한 부부 생활의 상징으로 받아들여졌다. 따라서 결혼 예물로 안성맞춤이 되어 너도나도 찾게 된 것이었다.

요즘은 이혼율이 갈수록 높아지고 있는 젊은 세대의 불안 심리를 역으로 대변한 면도 없지 않다.

하여튼 별다른 사람들의 주의를 끌지 못하는 상품을 찾아서 '백년해로 동굴'이라는 그럴 듯한 이름을 붙임으로써 사람들의 호기심과 구매 욕구를 자극한 이 사고방식은 매우 기발하면서도 민첩한 아이디어이었다.

사실 '백년해로 동굴'은 먹지도 못하고, 장식품으로도 별로 볼 만한 것은 아니었다. 그런데 어째서 일본인들은 3천 엔이라는 거금을 투자하여 서로 사려고 했을까?

그것은 이 상품이 상징하는 의미가 부부의 영원한 행복을 가져다주는 것으로 인식되었고, 그 기발하면서도 참신한 상품의 이름이 가치를 몹시 높였기 때문이다.

47
'이성'을 다스리기 위한 방법

화교라면 돈벌이 이외에는 생각하지 않는다고 자주 말하곤 하는데, 이것은 잘못된 생각이다.

화교도 인간인데 그들이 어찌 쾌락이나 놀이를 싫어하겠는가. 쾌락을 찾는 방법이나 끈기에 일에 있어서는 오히려 다른 나라 사람보다 몇 수 위일 것이다.

우리는 백제 의자왕의 3천 궁녀를 전형으로 꼽는데, 중국의 황제에게는 이러한 일은 보통 일이다. 당나라의 전성기의 현종 때의 궁녀 숫자는 무려 4만 명이었다고 전해진다.

그리고 주윤발이 주연하여 대 히트한 도박꾼 시리즈 영화를 보면 도박의 열기를 피부로 느낄 수 있다. 도박도 승부를 통해 일종의 쾌락을 찾는 놀이다. 하지만 화교의 놀이는 우리와 전혀 다르다. 그들은 자신의 분수에 맞게 놀지, 여자에게 빠져 가정이나 장사를 소홀히 하는 경우는 아주 드물다.

그들은 부모에게 효도, 가정에 대한 충실함이 그 무엇보다도 최우선이다. 그러므로 가족을 실망시키는 일은 결코 없다.

따라서 그들은 도박도 자기 경제력의 범위 내에서 한다. 우리나라 미친 도박꾼처럼 전 재산을 날리고 패가망신하는 경우는 절대 없다.

화교에게 있어 투기는 뭐니 뭐니 해도 마작이다. 우리는 셋이 모였다 하면 고스톱판을 벌이고, 화교들은 넷이 모이면 마작판을 벌인다.

그리고 우리는 오직 돈을 따는 재미로 화투판을 벌인다. 하지만 화교들은 마작에서 장사의 처세술을 터득한다고 한다. 상대편의 속마음을 읽어 대세를 판단한다.

그런 다음 어느 것을 포기하고 승부를 걸 것인가, 말 것인가를 순간에 결정한다. 사회의 거친 파도에 휩싸였을 때 장사꾼은 정신을 가다듬고 침착하게 그 파도를 헤쳐 나갈 수 있는 얼음처럼 차가운 '이성'이 필요하다.

그들은 4명이 탁자를 빙 둘러싸고 앉아 마작하는 열기 속에서 이성을 다스리는 법을 익히는 것이다. 그런데 화교의 마작판에는 비슷한 나이 또래가 모인다.

그러니 노인이나 중년층의 마작판에는 청년이 절대로 끼어들지 않는다. 그 이유는 화교 사회에서는 나이 젊거나 경제력이 없는 사람은 마작을 못 하도록 되어 있기 때문이다.

그리고 아무리 큰 회사나 후계자일지라도 부모가 회사를 맡고 있는 동안에는 투기는 절대로 허용되지 않는다.

미국에서 하라는 공부는 하지 않고 라스베이거스에 가서 수억을 날리는 우리의 재벌 2세는 화교의 세계에 없다.

그러므로 2세들이나 독립된 점포를 갖지 못한 사람들은 당구, 탁구 등으로 스트레스를 푼다. 그래서 홍콩에 가면 머리가 하얀 당구 고수들을 심심찮게 목격할 수 있다.

그들은 경제적으로나 정신적으로 여유가 없으면 승부에 이길 수도 없거니와 즐겁지도 않다는 것을 누구보다도 잘 알고 있다. 화교들에게 있어 노름이란 어디까지나 이성을 다스리기 위한 놀이일 뿐이다.

그리고 그들은 여기서 익힌 승부 근성을 장사에 이용한다. 일단 승산이 있다 싶으면 그들은 과감하게 투자한다. 그리고 대부분 승부를 쟁취한다. 이것은 어디까지나 철저한 이성으로 생각하고 예리하게 판단하여 승부를 했기 때문이다.

48
가게의 문지기 사장

"**지휘관**은 항상 앞장서라."

세계 어느 나라의 사관학교에서 이 말을 금과옥조처럼 부르짖고 있다. 그러나 이 말은 기업의 세계에서 쓰는 말은 아니다.

다만 딱 한 군데서 이를 실천하고 있는데 바로 화교의 사회이다. 화교가 경영하는 중화요리점에 가 보면 이 말을 실감할 수가 있다.

세계 어느 나라에 가도 중화요리점의 문지기는 대부분 그 집의 사장이다. 그 식당의 주인이 문지기를 담당하고 있는 것이다.

이러한 사람을 중국에서는 '노판老板'이라고 부른다. 노판이란 바로 문지기를 뜻한다. 그렇다면 화교는 왜 사장이 입구에 설까? 그것은 우선 손님의 얼굴을 기억하기 위해서다. 특히 식당은 단골손님이 장사를 좌지우지한다.

대부분의 손님은 중화요리를 혼자 먹지 않고 몇 명의 사람들과 같이 온다. 그러므로 이때 문지기 사장님이 반갑게 인사를 한다. 손님은 사장이 자기를 기억해 주면 기분이 좋아지는 법이다. 나도 단골손님이구나, 하는 생각이 들어 뭔가 보통 사람보다 특권을 누리는 듯한 우월감까지 생긴다.

대부분의 나라에서는 종업원이 문지기 노릇을 한다. 그들은 자신의 기분에 따라 인사를 하기도 하고, 못 본 척하기도 한다.

홍콩에 있는 중화요리점에 가면 그 차이를 금세 알 수 있다. 그 식당의 사장이 카운터 옆에 서서 손님이 들어오면,

"어서 오십시오."

하고 정중히 인사를 한다. 카운터에 앉아 있는 사람은 대개 사장의 부인이다. 중국인은 계산대만큼은 절대로 고용인에게 맡기지 않는다.

종업원은 주로 주방에서 야채를 다듬거나, 그릇을 닦고 요리를 만들뿐이다. 이윽고 손님이 자리에 앉으면 사장은 그쪽으로 가서 다시 한번 인사를 한다.

"사업은 잘 되시는지요? 저희 식당을 이용해 주셔서 정말 감사합니다."

그리고 동행인이 있으면,

"이분은 중국요리에 전문가이시죠. 저도 많은 가르침을 받고 있습니다."

하고 은근히 추켜세운다. 그러므로 손님은 더욱 기분이 좋아질 수밖에 없다.

그뿐만이 아니다. 진짜 단골손님에게는 이따금 맥주 서너 병을 서비스로 제공한다.

"제가 드리는 서비스입니다. 아무쪼록 즐거운 시간이 되시길 바랍니다."

세상에 공짜를 싫어할 사람이 어디 있겠는가. 손님의 기분은 더더욱 좋아진다. 이때 같이 온 손님이 감탄사를 연발한다.

"자네 정말 발이 넓군. 이런 곳에서도 VIP 대접을 받으니……."

흐뭇해진 손님은 자기도 모르게 비싼 요리를 주문하게 된다. 칭찬을 받은 이상 꾀죄죄하게 굴 수는 없지 않은가.

"칭찬은 아무리 해도 공짜다. 칭찬해서 돈을 벌 수 있다면 수백 번이라도 하겠다."

이런 사고방식을 가지고 있는 사람이 중국인이다. 주인이 식당 안을 돌아다니면서 인사를 하는 것은 화교식 상술의 기본이다.

이런 자세는 또 하나의 장점이 있다. 최고의 경영자가 언제나 현장에 있으니 손님의 불만은 그 자리에서 즉시 처리할 수가 있는 것이다.

사장이 직접 나서서 잘못을 사과하므로 손님도 더 이상 화를 내지 않는다. 그러므로 손님의 불만은 거의 100% 해결이 된다. 이것이 화교만의 독특한 장사 수법이다.

49
물결을 따라 배를 저어라

'소림 금나해탈법'이라는 소림권법이 있다.

상대방이 공격을 할 때는 상대의 의도를 잘 살펴서 육감적으로 제때에 그 공격의 형태를 파악한다. 그런 다음 상대의 힘을 빌려 역으로 상대의 공격을 막고 반격을 가하는 권법이다.

좀 더 쉽게 설명하면, 상대의 뜻을 재빨리 먼저 파악한 다음 상대를 깊이 유인한다. 그 후에 기회를 잡아 맹공격을 퍼붓는다.

이 권법의 이론을 화교의 상인들은 교묘하게 사용한다. 소림권법의 무예까지도 장사에 써 먹는 그들의 사고방식에 놀랄 수밖에 없다.

어느 날 화교가 경영하는 통조림 회사의 구매과장이 미국 상인과 상담을 나누었다. 상인은 높은 가격을 불렀고, 그리고 화교인 구매과장은 이때 낮은 가격을 제시했다.

미국 상인은 이런 상담에 대해 능구렁이이었다.

그는 상대가 상상도 못할 정도로 높은 가격을 부르면 얼마쯤 깎더라도 꽤 높은 선에서 가격이 결정된다는 것을 경험을 통해 이미 잘 알고 있었다. 물론 화교의 구매과장도 상대의 그런 수법을 꿰뚫고 있었기 때문에 될 수 있는 한 최저 가격을 제시해서 거래를 성사시켜야 하겠다고 단단히 마음을 먹었다.

양측의 담판이 결렬되지만 않는다면 이 상담은 결국 이루어지리라는 것을 그들은 이미 알고 있었다. '가격은 낮게, 양보는 천천히'라는 원칙을 고수하며 화교 구매과장은 미국 상인과 흥정을 벌였다.

그러나 둘 다 베테랑이어서 상담은 좀처럼 끝날 기미가 보이지 않았다. 마침내 화교 구매과장이 고개를 내저으며 말했다.

"좋습니다. 당신이 제시한 가격에 동의하겠습니다. 하지만 만약 회사에서 가격을 너무 높게 책정했다고 제게 책임을 묻는다면 제 월급, 그것도 부족하면 우리 구매과 전 직원의 월급으로라도 차액을 지불하겠습니다. 그러나 이 지불 방법은 할부로 할 수밖에 없습니다. 어쩌면 평생을 다 갚아도 못 갚을지도 모릅니다."

미국 상인은 이직까지 이런 상대를 만난 적이 없었다. 상대가 월급까지 내놓겠다는 발상은 개인주의로 단단히 무장된 서구인의 사고방식으로는 도저히 이해가 가지 않았다.

하지만 상대방의 진심 어린 말에 미국 상인의 기세는 한풀 꺾였다. 이윽고 상담은 화교 구매과장이 제시한 최저 표준 가격으로 매듭지어졌다.

구매과장이 미국 상인이 제시한 가격에 동의한 것은 제스처에 지나지 않았다. 실제로 그가 보여 준 태도는 회사의 최고 경영자의 결재를 얻을 수 없다는 의사 표시였다.

당신이 양보하지 않으면 이 상담은 반드시 결렬된다. 이런 불합리한 가격을 고집하는 상태에서 상담을 성사시킨다면 차액을 메우는 수밖에 없다. 그것도 부족하면 과 직원 전체의 월급도 제공하겠다.

이상이 화교 구매과장이 말한 요점이었다.

상황이 이런 데도 상담을 꼭 성사시키고 싶다면 그 유일한 길은 당신이 가격을 다시 고려하는 것뿐이다.

이렇게 해서 화교 구매과장은 가격 문제의 논쟁에서 결정적인 주도권을 잡았다.

50
저녁 식사는 반드시 가족과 함께

우리 속담에 '금강산도 식후경'이라는 말이 있다. '목구멍이 포도청', '사흘 굶어 도둑질하지 않는 사람 없다', '설마 목구멍에 거미줄 치랴' 등 많은 여러 가지 속담이 있다.

이러한 속담은 먹는 문제가 쉽게 해결되지 않았던 시대의 이야기이다. 중국도 우리나라와 마찬가지였다.

그들이 즐겨 쓰는 속담에 '백성이란 먹는 것을 하늘처럼 섬긴다'라는 말이 있다.

그래서 중국의 역대 천자의 최대의 과제는 백성을 어떻게 먹이느냐에 있었다.

먹게만 해 주면 태평성대하고 칭송받을 수 있었기 때문이다. 아무튼 중국인들은 먹는 것 이외는 별로 신경을 쓰지 않는다.

그들은 제아무리 큰 부자라 할지라도 결코 겉모습에 치중하지 않는다. 그래서 옷이나 집의 화려함으로 빈부를 따지는 것처럼 몹시 어리석은 짓도 없다.

화려한 외제차를 굴리는 부자도 점퍼 차림인 경우가 많으며, 집도 우리와 같은 호화 빌라는 거의 없다.

중국인들은 식사를 매우 중요시한다. 그들은 아침에는 대개 죽을 먹는다.

물론 젊은 세대들은 시대의 유행을 따라 토스트와 우유, 과일 등으로 해결하지만, 아침 식사를 죽으로 먹거나 집에서 만든 만두로 해결하는 것은 오랜 전통이다.

그들이 아침 식사를 죽으로 해결하는 데에는 다음과 같은 이유가 있다.

첫째, 손쉽게 만들 수 있으므로 경제적이다. 또한 주부들의 가사 시간을 조금이라도 줄이려는 의도도 포함되어 있다.

둘째, 아침 식사로 죽을 먹는 것은 건강에도 매우 좋다.

인간의 위는 아침에 일어나자마자 곧바로 정상적으로 활동하지 못하기 때문에 위액의 배설이 불충분하다. 따라서 죽은 소화 활동이 좋지 않은 위에 부담은 주지 않으므로 머리도 가벼워지고 활동도 편안할 수 있도록 도와준다고 중국인들은 믿고 있다.

이런 중국인의 사고방식은 우리와 정반대이다.

"아침을 든든히 먹어야 일을 하지."

우리 할머니들은 이렇게 말하며 손자에게 밥 한 숟가락이라도 더 먹이려고 조바심을 낸다. 이것은 심각하게 생각해 볼 문제라 하겠다.

그렇다고 매일 아침에 죽을 먹어야 좋다는 말은 아니다. 육체 노동을 하는 사람은 많은 열량이 필요하니까 우리 식대로 든든하게 먹어 두는 것이 좋을 것이다.

동남 아시아를 관광하다 보면 안내원들이 이렇게 설명하는 것을 종종 볼 수 있다.

"화교들은 아침에 죽을 먹는 가정이 많습니다."

그런데 실상은 모른 채 이 말만 듣고,

'화교들은 대부분 너무 가난해서 아침을 죽으로 해결한다' 는 터무니없는 내용을 어느 잡지에 게재한 관광객이 있어 실소를 자아낸 적도 있다.

화교들은 모든 일을 제쳐놓고 온 식구와 저녁 식사를 함께 한다. 따라서 저녁 식사 시간이 밤 10시가 넘는 가정도 많다.

이처럼 온 식구들이 단란하게 모여 화목을 도모함과 동시에 자녀들의 교육 장소로 활용하기도 하는데 그들은 아무리 바빠도 저녁 식사만은 반드시 지키는 이유도 그 때문이다.

큰 무역상회를 운영하는 한 화교 출신 사장은 출장을 떠나지 않는 한 결혼한 뒤 지금까지 매일 밤 8시에 저녁 식사를 해 왔다고 한다. 그러므로 아이들도 당연히 그 시간에 귀가하는 것이다.

저녁 식사를 하면서 자녀들과 함께 교육·건강·장사의 비법, 그리고 전통에 대해 대화를 나눈다. 그런 가정에서 자라난

아이들이 과연 비뚤어질까?

한국의 남성들이여, 특히 자정을 넘기면서 술판을 크게 벌이고 귀가하는 남편들이여, 한 번쯤 심각하게 생각해 볼 문제가 아닐까요?

51
근검 절약의 생활 신조

화교들이 자식들에게 늘 들려 주는 옛날 이야기가 하나 있다.

임종을 눈앞에 둔 한 상인이 있었다. 그는 계속 손가락 두 개를 치켜들고 있었다. 임종을 지켜보던 가족들은 당황했다.
"왜 저러시지? 저 두 개 손가락은 무엇을 의미하지?"
그때 큰아들이 무릎을 탁 치며 외쳤다.
"아차, 제가 큰 실수를 했군요! 등잔불에 심지를 두 개나 넣다니……"
큰아들은 곧장 등잔에서 심지 하나를 꺼냈다. 그제서야 아버지는 안심했다는 듯이 미소를 지으며 눈을 감았다.

사업에 성공한 화교 부자들은 성공 속에 그 얼마나 무서운 위험이 도사리고 있는지를 잘 알고 있다. 치부에 성공했다고 확신하는 순간, 돈을 모으겠다는 열정은 어디론가 사라지고 서서히 몰락이 시작된다.

그것은 마치 지금 한창 열기를 더해 가는 축구 경기와 매우 비슷하다. 이기고 있다가 종료 몇 분을 남기고 동점이나 역전 골을 먹는 팀이 여럿 있었는데 그 원인은 긴장이 풀어졌기 때문이다.

화교들이 즐겨 쓰는 속담에 '삼대 부자는 없다'는 말이 있다. 1세대는 모든 것을 희생하면서 부를 축적하고, 2세대는 치부에 대한 의욕을 상실하고, 3세대에 이르면 재산을 모두 탕진하고 일가가 몰락한다는 것이다.

따라서 화교들은 아무리 돈이 많아도 항상 근검 절약하는 생활을 실천한다.

'아래를 내려다보지 않고도 무언가를 줍고, 위를 쳐다보지 않고도 무언가를 따는 사람'이 바로 화교들이다. 그들에게는 휴식이란 것이 결코 없다.

서양인들의 '적자 지출' 개념을 화교들은 도저히 이해할 수 없다고 한다.

"그건 오직 자기 기만일 뿐이다."

그들은 머리를 내젓는다. 물론 화교 상인들 역시 적자가 발생할 수 있음을 인정한다. 하지만 그것은 내 돈이 아닌 남의 돈일 때에만 이것은 가능한 일이다.

'삼대 부자 없다'는 속담을 피할 수 있는 확실한 방법을 화교들은 잘 알고 있다. 그것은 아직 목표가 달성되지 않았다고 생각하고 자신의 번영과 성공을 향해 새롭게 출발한다.

화교들은 누구나 이러한 자세로 축적한 부는 뒤에 감추고, 실이 알알이 드러난 해진 옷을 입고, 초라하고 낡은 상점에서 가난하다는 마음가짐으로 언제나 열심히 일한다.

간혹 그들의 이러한 행동 때문에 중국인들은 예의를 갖추지 않고 거래처를 방문한다는 오해를 받기도 한다.

52
뒤에서도 남을 칭찬하라

중국에서 유래하는 속어로 '높은 모자 씌우기'라는 말이 있다. 이 말은 쉬운 말로 '아첨을 잘 한다'는 뜻인데 청나라 말엽의 유명한 문인 유월의 작품을 아래와 같이 소개한다.

세간에는 남의 앞에서 아첨을 잘 하는 것을 일컬어 '높은 모자 씌운다'라고 한다.

어떤 관리가 외지로 부임하게 되자 그 스승에게 작별인사를 하러 갔다. 이때 스승은 엄숙히 말했다.

"외지에서 벼슬하기가 쉽지 않을 테니 그대는 마땅히 처신을 신중히 해야 할 것이네."

그러자 제자가 자랑스럽게 대답했다.

"이미 저는 높은 모자 백 개를 준비했습니다. 사람을 만날 때마다 하나씩 줄 것이니 결코 남과 다툴 일이 없을 것입니다."

그러자 스승이 화가 난 음성으로 말했다.

"그게 무슨 망발인가? 우리들은 바른 도리로써 남을 대하는데 그럴 필요가 왜 있는가?"

제자가 얼른 대답했다.

"스승님처럼 높은 모자를 싫어하시는 분이 천하에 몇 명이나 있겠습니까?"

스승은 흡족한 표정으로 고개를 끄덕였다.

"자네 말에도 일리가 있군."

이윽고 그는 대문을 나서면서 함께 온 친구의 귀에다 대고 은밀히 속삭였다.

"높은 모자가 백 개였는데 이젠 아흔아홉 개만 남았군."

아첨꾼은 사람들의 심리를 예리하게 파악하여 그들이 좋아하는 바를 따르고 그의 뜻에 영합하기 때문에 추방하기가 극히 어렵다는 것을 이 이야기는 보여 주고 있다.

그러나 상대의 면전에서 하는 아첨은 언젠가는 들통이 나기 마련이다. 또한 '좋은 말도 세 번 들으면 싫증이 난다'는 속담처럼 약효가 떨어진다.

그래서 화교들은 뒷말을 하라고 자녀들에게 항상 충고한다. '좋은 뒷말', 즉 '뒤에서 남을 칭찬하라'는 것이다. 어떤 뒷말이든 '뒷말'은 반드시 상대방의 귀에 들어가게 된다.

더구나 그것은 실제의 말보다도 확대되어 들어간다. 특히 나쁜 뒷말을 들은 상대방은 화를 내고, 마음속 깊이 그 말을 간직한다. 원한을 사면 언젠가는 보복이 기다리고 있다.

그러나 좋은 뒷말은 인간관계를 매우 부드럽게 하고 상호간의 신뢰를 증진시킨다. 칭찬을 쓴다는 것은 바로 이것이다.

요컨대 의식적으로 밝은 마음을 갖도록 노력하는 것이 좋다. 성공한 사람의 대부분은 이처럼 밝은 성격을 항상 갖고 있기 마련이다.

53
모양새가 좋지 않은 장사부터 시작하라

세상에서 모양새가 좋을 뿐만 아니라 연고와 자본이 없어도 되고, 더군다나 이익까지 많이 나는 장사는 좀처럼 찾아보기 힘들다.

모양새가 나쁘다는 것은 오히려 남이 쉽게 뛰어들지 못하는 좋은 조건이 될 수 있다.

말레이시아의 상권은 말레이시아계·인도계·중국계가 지배하고 있으나 경제 활동 면에서는 중국계, 즉 화교가 단연 뛰어나다. 그들은 근면하고 생활력이 매우 강하여 무엇이든 일단 부딪쳐 본다.

그들은 모양새가 좋고 나쁘고는 전혀 문제 삼지 않는다. 그들은 우선 길거리에서 좌판을 벌이는 노점상부터 시작한다. 이때 싸구려 상품을 취급하지만 조금씩 돈이 저축된다. 돈이 조금 모아지면 리어카를 한 대 사서 잡화를 싣고 끌고 다닌다.

그리고 옛날에 우리나라에서도 많이 있었던 룰렛식의 돌림

판을 놓고 다른 물건을 사러 온 고객의 시선을 끈다. 물론 그것을 돌리게 한 뒤 맞히면 선물을 준다.

그 게임을 고안한 것도 화교 상인이다.

한국인 같으면 틀림없이 자금 사정과 점포의 위치와 크기를 핑계로 고민에 빠져 시간을 낭비하겠지만, 화교는 리어카에서 돈을 모아 뒷골목에 조그마한 상점을 하나 내는 것이다.

무언가 하려고 하는 마음이 있을 때 힘껏 앞으로 나아가지 않으면 그 기백은 이내 사라지고 만다.

창업은 당신의 환경, 능력의 유무에 따라 다르겠지만, 자기의 주위를 돌아보면 반드시 무슨 일인가가 기다리고 있을 것이다.

그것이 지금까지 존재하지 않는 참신한 것이라면 그 이상 더 좋은 일은 없다. 이때 역시 '모양새'가 좋지 않은 일부터 찾는 편이 결과적으로 좋다고 생각된다.

해직, 도산으로 불안에 떠는 사람들이 우리들 주위에서 속출하고 있지만 뭔가를 시작하기 위해서는 진지한 태도로 일단 부딪쳐 보는 것이 최선의 길이다.

모양새가 나쁜 일부터 시작하여 그것을 극복하고 마침내 성공한 사람은 어떤 일에도 절대로 쉽게 포기하지 않고 다음 목표를 향해 열심히 뛰는 법이다.

54
사귀는 것은 쉽지만 고르는 것은 더욱 어렵다

어느 날 서울에서 무역회사를 운영하는 K씨가 싱가포르에 출장을 갔다가 지갑을 잃어버렸다. 여권은 다시 발급 받으면 되겠지만 당장 교통비조차 없으니 큰 낭패가 아니었다.

혹시 하는 생각으로 양복 주머니를 뒤졌는데 종이 한 장이 나왔다. 그것은 홍콩의 어떤 화교로부터 받은 소개장이었다.

이때 그는 지푸라기라도 잡는 심정으로 소개장을 들고 싱가포르의 화교를 찾아갔다.

'한 번도 만난 적이 없는 사람이니 돈을 빌려 줄 리가 없지.'

마음속으로 이렇게 생각한 그는 기대하지 않았다.

그러나 그 화교는 소개장을 잠시 들여다보더니 다짜고짜 물었다.

"얼마나 필요하시죠?"

그리곤 더 이상 묻지 않고 돈을 빌려 주는 것이었다. 차용증서를 쓰거나 날인하지 않아도 되겠느냐고 물었더니 그런 것은 필요 없다는 대답이었다.

K씨는 고맙다고 말하면서도 한편으로는 무척 당황했다. 물론 그 후에 K씨와 싱가포르의 화교는 절친한 협력자가 됐다.

믿을 신信자를 보면 사람人과 말言의 합성어임을 쉽게 알 수 있다.

이 글자는 '사람의 말에는 믿음이 있어야 한다'는 뜻을 가지고 있다. 중국인들은 신용을 매우 중시한다. 우리나라 사람들이 중국 사람을 연상하는 첫번째 단어는 신용이라는 앙케트가 나와 있다.

신용을 강조한 것은 물론 공자였다. 제자 자공子貢이 공자에 대해 물었다.

"사부님, 정치에서는 무엇이 가장 중요합니까?"

"식량을 충분히 준비하고, 군비도 넉넉하게 갖추어야 하며, 그리고 백성들로 하여금 위정자를 믿도록 해야 한다."

"그 중에서 하나를 버린다면 어떤 것을 버려야 할까요?"

"군비를 버려라."

"또 하나를 버린다면 무엇을……?"

"식량을 버려라, 자고로 백성이 신의가 없으면 천지 간에 몸 둘 곳이 없어지느니라."

공자의 말에 의하면 신용이란 먹는 것보다 더 중요했다. 먹는 것을 최고로 받들었던 중국인들에게 그것보다 신용을 더 중요하게 여겼으니 후세의 사람들이 그를 받들어 모실 수밖에.

그래서 신용은 군자가 지켜야 할 가장 큰 덕목으로 높이 받들어졌다. 그리고 신용은 장사에서 위력을 한껏 발휘한다.

'사귀는 것은 쉽지만 고르는 것은 더욱 어렵다.'

이는 화교들이 즐겨 쓰는 속담이다. 남과 잘 알고 지내는 것은 간단한 일이지만 친구가 될 만한 사람, 즉 믿을 만한 사람은 그리 많지 않다는 뜻이다.

이 말은 상당히 깊은 뜻을 함축하고 있다. 우리나라에서는 낯이 조금 익다 싶으면 금세 말을 놓고 친구가 된 것처럼 생각한다. 그러나 화교는 그처럼 쉽게 사람을 신뢰하지 않는다. 그들은 항상 상냥하게 웃기도 하고 마치 친한 것처럼 대하기도 하지만, 마음 깊숙한 곳에서는 결코 쉽게 상대를 신뢰하지 않는다.

그들이 한 사람을 깊이 신용하기까지는 10년 가까이 걸린다고 한다. 그리고 그 사람을 한 번 믿게 되면, 가령 전쟁이 일어나 그가 비록 적군에 속한다 하더라도, 그리고 패잔병이 되더라도 그 신뢰와 우정에는 변함이 없다.

그 대신 자신의 체면을 손상시키는 일을 당하게 되면 동업자는 물론 그 지역, 나아가서는 전 세계의 화교들에게까지 소문을 퍼뜨려 그와 상대하지 못하도록 만든다.

또한 앞에의 예처럼 소개장을 쓰는 사람은 소개하는 사람의 모든 것에 대해 책임을 질 각오가 되어 있으며, 이때 소개 받은 사람도 소개자의 뜻을 최대한 존중하려고 노력한다.

소개장 한 장만으로도 어떤 유리한 조건에 닿을 수 있으며, 경우에 따라서는 장사도 훨씬 수월하게 할 수 있으므로 그 위력은 대단한 것이다.

소개장은 어디까지나 신용이 좌지우지한다는 것을 항상 잊지 말아야 할 것이다.

55
한 가지 사업에만 매달리지 말라

대대로 물려받은 기업을 지키며 오직 한 업종에만 전념할 수 있는 환경을 가졌다면 그는 대단한 행운아이다. 하지만 무일푼으로 시작하려는 사람에게는 그런 여유가 있을 리 없다.

유리한 조건과 장래성이 있다면 가능한 한 빨리 그 일에 뛰어들어야 한다.

방콕의 미국 대사관 건너편 고색창연한 대 저택에 한 노신사가 살고 있었다. 그는 지구상의 최고 거부들 가운데 한 사람이자 동시에 전 세계 삼합회의 최고 인사 중 5인방에 속하는 인물이었다.

또한 그는 동남 아시아 최대의 민간은행을 설립했는데, 그 은행은 오늘날 전 세계 어느 은행보다도 높은 수익성을 자랑하고 있다. 은행가의 이름은 태국어로는 친 소픈타니치, 중국어로는 진필신陳弼臣인 화교 출신이다.

진필신은 광둥성 출신인 아버지와 태국인 어머니 사이에서 태어났다. 방콕의 한 작은 회사에서 사무원으로 근무하던 그의 아버지는 어린 그를 광둥성으로 보냈다.

하지만 그는 빈곤한 가정 형편 때문에 중학교를 중퇴했다. 17세가 된 진필신은 다시 방콕으로 돌아와 어느 목재상의 경리로 취직했는데 화재로 일자리를 잃고 말았다.

그는 다시 중국으로 돌아가 광저우와 방콕을 왕래하는 쌀 밀수선에 몇 년간 몸을 담았다. 1936년에 그는 선원 생활을 청산하고 작은 건축회사에 취직하여 경리업무를 보았다.

그는 보잘것없는 학벌에도 불구하고 견적서 작성을 비롯하여 청구서 같은 서류 정리에 뛰어난 역량을 보였다. 특히 숫자에는 탁월한 기억력과 계산력이 있어 사장의 신임을 받았다.

제2차 세계 대전이 일어나자 그는 무역사를 설립하여 비로소 자기 사업을 시작했다.

이 회사는 설립 즉시 짭짤한 이익을 남겼고, 이익을 모아 다른 회사를 만들어 금 거래시장에 뛰어들었다. 전쟁 중 방콕의 금 시세는 전쟁 전에 비해 20배로 뛰었다.

이 시장에 뛰어든 진필신은 마법사라 불릴 만큼 훌륭했다. 그는 불과 3년 만에 일개 경리에서 자본가이자 금융가로 발돋움했다.

그는 끊임없이 사업을 확장해서 무역상사·건설회사·보험회사를 설립했고, 금 거래와 외환시장에도 깊이 관여하게 되었다.

진필신은 실무 경험이 풍부한 사람들을 사업 파트너로 선정하여 새로운 모험적인 사업 분야에도 뛰어들었다.

그는 자신이 잘 모르는 분야에 대해서는 '목소리를 낮추었다'는 평을 들을 만큼 신중했다. 상하이에서 도망쳐 온 은행가에게 외환 교환 업무를 주로 취급하는 신탁 유한회사의 경영을 맡긴 것도 이 점을 증명해 준다.

1952년, 진필신은 TFS를 출범시켜 대출 청약·어음 할인·외국환 교환·주식 거래·귀금속 거래·금 수입 등 금융산업의 전 분야에 걸쳐 서구식 업무처리 체제를 도입했다.

그러나 그는 이에 만족하지 않고 방콕은행을 설립하여 소액의 개인 구좌 중심에서 벗어나 그보다 규모가 큰 개인 기업들을 고객으로 유치하는 전략을 펼쳤다.

그 결과 화교들의 적극적인 협조로 고객의 위탁금은 종전의 기록을 깨뜨렸다. 방콕은행은 계속 번창하여 국내에 16개 지점과 해외에 4개 지점을 두었고, 예금고도 수억 달러에 이르렀다.

이때 경영의 천재인 화교에게는 명예와 찬사가 쏟아진다. 진필신은 최고 거부들만 가입하는, 화교 단체들 중에서도 가장 돈이 많은 조양현이라는 단체의 회장이다.

또한 전 세계 조주계의 태국 단체 회장이다. 대륙에서는 그에게 홍콩 상공회의소의 종신 회장이라는 명예를 수여해 예우하고 있다.

진필신처럼 기회를 잘 포착하여 다른 직종에 전환하는 것은 화교들의 일반적인 상술이다. 그 뛰어난 감각과 큰 배짱은 매우 놀랍다.

화교계 학교의 교사자격증을 취득하여 전후에 홍콩에 건너온 사람이 한동안 교사로 근무한 뒤 자립하여 어느새 식료품점, 제과점을 운영하는 경우는 대단히 많다. 또한 그들은 거기에서 멈추지 않고 중화요리점, 보석상으로 계속 발전해 간다.

때로는 합작을 피하거나 분리시키면서 분점이나 지점의 영역을 점차 확장시켜 나간다. 그렇게 하여 얻은 이익금으로는 땅이나 보석을 사 모아 재산을 축적한다.

물론 아무런 장애물 없이 탄탄대로를 걷는 경우는 드물다. 그래서 화교들은 다른 직종으로 전환할 생각이 있으면 미리 온갖 정보를 수집하여 그 관련 계통의 사람들과 연고를 맺어 두는 것을 게을리하지 않는다.

그들은 목적을 위해서라면 중도에 잠시 후퇴하더라도 장기적인 계획을 세워 착실히 진행시킨다. 또한 한 번 관계를 맺은 사람과는 도중에 어느 한쪽이 잘못하더라도 결코 배신하지 않는다. 그러한 사실이 폭로되면 아무도 자신을 상대해 주지 않기 때문이다.

56
알맞은 장소가 없으면 벽이라도 뚫어라

M식당은 일본인들이 운영하는 식당들 틈에 끼어 있었는데 주인은 왕王씨의 화교였다.

그 식당은 3층 건물로 길 모퉁이에 자리 잡고 있었다. 그 앞쪽은 날이 밝자마자 택시들이 모여드는 장소였다. 왕씨는 바로 그 점에 착안하여 점포 한쪽 구석에서 라면을 싸게 팔기 시작했다.

그는 심야족이나 운전기사들을 겨냥한 것이었다. 그러나 다른 손님들이 술을 마시는 시간에는 장사가 되지 않았다. 라면을 먹기 위해 일부러 식당에 찾아오는 손님은 드물었다. 그래서 라면을 끓이는 주방 뒤쪽 벽에 큰 구멍을 뚫었다.

그 밖은 바로 인도와 이어졌고 구멍 아래에 간단하게 받침대를 만들어 바깥에서 고개를 들이밀면 바로 주방과 연결되도록 만들었다.

의자도 없어 서서 먹는 불편함이 있었지만, 그 식당은 항상 북적거렸다.

　무슨 일이든지 실행해 보지 않으면 모르는 일이다.

　상점의 한 구석을 터서 다른 상품을 파는 것은 화교들이 잘 쓰는 방법이다. 그것이 바로 '차선책'이라는 것으로 따로 새로운 상점을 낼 수 없을 때 화교들이 주로 쓰는 방법이다.

　멀쩡한 식당의 벽을 뚫어서 노점상처럼 장사를 한다는 것은 다른 나라 상인으로서는 도저히 생각할 수 없는 발상이다. 하지만 다른 상품이 더 잘 팔릴 것 같으니까 하는 수 없다며 모든 것을 단념해 버리는 것은 전혀 화교답지 않은 생각이다. 그들은 언제 어디서나 불굴의 의지로 무엇이든 먼저 일단 부딪혀 본다. 이것이 화교들의 박력이다.

　자기 상점의 벽을 헐어 구멍을 내는 것 정도는 별 일이 아니다. 도쿄에서 중국과자의 제조 및 도매를 하고 있는 마씨는 소매도 하고 싶지만 마땅한 장소가 없었다. 그의 상점은 뒷골목에 자리 잡고 있었기 때문에 누가 보아도 소매점으로서는 매우 부적당했다.

　그는 생각 끝에 큰길가에서 중화반점을 하는 친구에게 부탁했다.

　"자네 요리점의 처마 밑에서 과자를 팔 수 있게 해 주게나?"
　"그렇게 하게."

　친구의 허락을 얻은 그는 처마 밑 구멍가게의 일을 부인에게 맡겼다. 그 장사는 제법 잘 되었다.

그런데 얼마 후 한 소녀가 그 옆에 나란히 서서 그녀의 일을 유심히 살피고 있었다. 그녀가 알고 보니 하루 동안 판매한 과자상자 수만큼 요리점에 사례금을 주기로 계약하여, 요리점의 소녀가 팔린 상자의 수를 확인하기 위해 서 있다는 것이다.

그 소녀도 최근 중국 쓰촨성에서 왔다고 하는데, 중화반점의 주인은 두 여자가 음식점 앞에 서 있으면 자신의 음식점에도 도움이 되고 소녀에게도 세일즈에 대한 공부가 되어 일석삼조라는 것이었다.

물론 이윤을 남긴다는 것은 최우선시 되는 첫번째 조건이다.

아무리 조그만 장사라도 합리적으로 나누어 가질 수 있는 것, 그것이 화교 상인만이 할 수 있는 독특한 상술이다.

57
장사의 도리와 인정은 분명히 구분하라

사람을 소개하고, 또 소개장을 써 주는 것은 화교에게는 정말 대단한 일이다.

한국인들은 가령 명함 뒤쪽에 몇 자 적어 주고는 금세 잊어버린다. 부탁하기 때문에 써 준다는 단순한 생각 때문이다.

하지만 화교는 '신信' 과 '협俠' 을 인생의 2대 최대의 요소로 생각하기 때문에 그들은 한 번 소개한 이상 끝까지 책임져야 한다는 신념을 가지고 있다. 신용할 수 없는 사람은 처음부터 절대로 소개하지 않는다.

그리고 소개장에는 본격적으로 본인의 출생지를 비롯하여 약력을 곁들여 정중하게 쓴다.

그뿐 아니다. 소개장을 보내자마자 상대편에게, 다시 '어떤 사유로 ㅇㅇㅇ씨를 소개했으니 잘 부탁합니다.' 라는 내용을 역시 정중하게 써서 보낸다.

또한 그 내용에는 소개하는 사람이 앞으로 끼치게 될지도 모르는 경제적인 부담에 대해서는 얼마까지 자신이 책임지겠다고 명시하거나 암시하기도 한다.

이처럼 금액을 한정하는 것이야말로 역시 화교다운 행동이다. 그것이 그 사람과의 신용에 대한 척도가 된다.

하지만 아무리 철저한 화교라 하더라도 때로는 마음이 내키지 않는 사람을 소개하거나, 보증인이 되어야 하는 경우가 있다.

그럴 때 화교의 처세술은 현명하다고 할 수 있겠다. 즉, 소개장을 써 준 직후 상대방에게 연락을 취한다.

"미안하기 짝이 없습니다. 피치 못할 사정 때문에 소개장을 쓰긴 했지만, 저로서는 그 사람의 금전 문제까지 책임질 수 없으니 양해해 주십시오."

이렇게 분명히 자신의 의사를 밝힌다. 그러면 상대방은 모든 것을 알아차리고, 소개장이 있더라도 상거래에 있어서는 현금 이외에는 안 된다고 단호하게 거절한다. 또한 상대가 은행보증을 부탁할 경우에는 은행측에 딱 잘라 말한다.

"보증을 부탁 받았으나 내가 마음이 내키지 않는군요. 그러므로 귀 은행에서 제가 다른 사람의 보증인이 되어 있어 적합하지 않다고 그 사람에게 말해 주십시오."

이러한 일은 소개를 하찮게 여기기 쉬운 우리나라 사람들에게는 비정하게 느껴질 수도 있다.

별로 친하지도 않은데 선뜻 소개하거나, 보증을 섰다가 하루 아침에 알거지가 되어 거리로 나앉는 경우가 우리나라에서는 비일비재하다. 그야말로 이것은 바보 같은 짓거리다.

장사의 도리와 인정은 어디까지나 별개의 문제이다. 정에 이끌려 장사의 도리를 망각한다는 것은 화교에게 있어서는 치욕이다. 그러므로 이러한 일은 먼저 단호하게 거절하는 용기가 반드시 필요한 것이다.

58
정보 교환은 최대한 신중하게 하라

정보 교환에 민감한 사람들이 바로 화교이다. 그들은 정보 수집에 많은 힘을 기울이고 돈을 아끼지 않는다.

우리나라 사람들은 보통 정보에 대가를 지불하지 않으려고 한다. 아무리 좋은 정보를 가르쳐 주어도 한 끼 식사나 한잔 술로 끝내는 경우가 많다.

하지만 화교는 이와 다르다. 좋은 정보를 주면 당신 덕분에 돈을 벌었다고 하면서 기꺼이 사례를 한다.

정보도 일종의 장사이므로 정보를 구입하는 것은 상품을 구입하는 것과 같다는 것이 화교들의 생각이다.

화교들이 솔선해서 모임에 참석하고, 일부러 여러 가지 집회를 갖는 이유도 동족들 간의 유대 관계를 돈독하게 하기 위해서라기보다는 중요한 정보를 서로 교환하기 위해서다.

화교들의 격언에 '맛있는 음식이나 좋은 물건은 혼자서 간직하지 말고 친구들에게도 가르쳐 주어라' 라는 말이 있다. 그렇다고 모임에서 자신의 정보를 떠벌리는 사람은 도리어 어리석은 사람으로 취급당한다.

화교들 사이에서는 화젯거리가 풍부하더라도 말의 알맹이가 적은 사람이 영리하다는 인식이 강하다. 물론 모임에서 사교성은 대인관계의 윤활유라고 할 수 있으며 그것은 훈련에 의해 얻어지는 것이다.

하지만 상대방과의 대화 중에 조금이라도 그들만이 아는 정보에 대한 힌트가 새어 나가게 되면, 나중에 아무리 침묵을 지켰다 하더라도 '경거망동한 인물'로 낙인 찍히게 된다.

물론 장사의 비밀을 아무런 대가 없이 알려 주는 경우는 거의 없다. 그리고 정보를 교환하더라도 자기 쪽에서 먼저 자진하여 말하면 상대방에게 약점을 잡히게 된다.

정보는 언제나 상대보다 나중에 알려야 한다는 것이 또한 화교의 철칙이다.

화교는 아무리 귀가 솔깃한 이야기라도 틀림없이 성공한다는 믿음이 있을 때라도 전적으로 상대방을 믿지 않는다. 반드시 항상 1%의 '의심스러운 눈, 차가운 눈'을 가지고 있다.

세상 사람들이 모두 칭찬하고 모두가 믿는 것이라도 결코 그것에 빠지지 않는다. 따라서 화교의 정보는 다방면에 걸쳐 있다.

라이벌 기업의 동향이나 치안 정보, 정치 경제는 물론이고 풍속·습관·유행·스캔들까지 모두 모아서 적의 허점을 찌른다.

그리고 화교는 정보를 자기 것으로 할 뿐만 아니라 오히려 적으로부터 빼앗는다. 즉, 적에게 가까이 다가가서 얻는 것이다.

그것은 같은 편에게서 들으면 언제나 좋은 정보뿐이니까 반대로 적으로부터 정보를 얻는 것이다.

59
이웃 상점과 같은 업종의 장사를 하라

이웃이나 맞은편에 있는 상점이라도 그곳이 항상 손님들로 북적거린다면 망설이지 말고 그것을 본떠서 똑같은 장사를 하는 것이 화교 상인의 생각이다.

태평양 전쟁이 끝난 직후, 일본에 있는 차이나타운에서 집집마다 구두 가게를 했던 적도 있고, 양복점이 줄줄이 섰던 때도 있었다.

한국인 같으면 틀림없이 화를 냈을 것이다.

"나에게 아무런 상의도 없이 똑같은 상품을 팔다니! 정말 상종 못할 놈이로군."

하지만 화교는 다르다. 그런 일에 신경 쓰다 보면 돈벌이도 안 될 뿐만 아니라 자기 자본으로 자기 상점에서 자기 장사를 하는 데는 전혀 관여하지 않는 것이 그들의 철칙이기 때문이다.

또한 그만큼 그들은 자기의 장사에 자신이 있기 때문에 이웃의 개업을 축하해 주기까지 한다.

한 손님이 이상스러워서 물어보았더니 한 중년의 화교는 이렇게 대답했다.

"우리 가게와 이웃 가게는 손님의 계층이 다르죠. 물론 판매 방식도 다르고요, 그리고 이웃에게 지지 않도록 물건을 훨씬 싸게 구입하여 판매해야 하니까 게으름도 없어지죠."

화교들도 친척이나 친구들이 자기 이웃에서 개업할 경우에는 같은 물건이라도 색다른 상품을 판매한다.

그리고 두 가게가 나란히 있어도 되겠다고 판단되면 지점이나 분점 형식으로 같은 상품을 판매하는 것을 당연하게 여긴다.

화교는 남의 장사를 인정하는 것을 철저하게 지킨다. 거리의 보따리 장사에서 호화 음식점에 이르기까지.

"물건이나 서비스를 팔아 돈벌이를 하고 있는 점에선 똑같은 차원이다."

라는 사고방식을 화교들은 가지고 있다. 장사에는 귀천이 없다는 생각이 그들의 몸에 배어 있는 것이다.

홍콩에서는 구걸을 하더라도 그저 허리만 굽실거리며 적선을 바라지는 않는다. 원숭이나 개와 함께 재주를 부리거나 거리의 악단처럼 밴드를 이용해 노래를 부르기도 한다.

그리고 적선을 해 준 사람과 그렇지 않은 사람을 분명하게 차별한다. 돈을 적선한 사람은 앞좌석으로 인도하여 빈 상자라도 가져다주며 앉게 한다.

택시 정류장에서 구걸하는 아이들은 택시가 도착하면 소리를 지르며 달려들어 손님 쪽 도어를 재빨리 열어 준다. 그리고는 손을 내밀어 팁을 요구하는 것이다.

택시의 손님이 귀찮아 싫은 내색을 하더라도 그들은 중국어로 계속 떠들어 대며 달라붙어 끝내 돈을 받아 간다. 이때 택시 기사는 계속 아무 말도 하지 않는다. 그는 남의 장사를 인정하고 있기 때문이다.

60
체면을 생명과 같이 여겨라

'**사람**을 치더라도 얼굴은 때리지 말라.'

이것은 중국인이면 누구나 지켜야 할 철칙이다. 말 그대로 치고 박고 싸워도 절대로 상대의 얼굴은 때리지 말라는 것인데 여기에는 큰 이유가 있다.

중국인은 체면을 몹시 소중하게 여긴다. 그들은 여러 사람 앞에서 체면을 구기는 일은 결코 참지 못한다. 따라서 싸움이 붙어도 상대방의 얼굴을 때리는 것은 언젠가 반드시 보복을 당할 수 있는 화근을 남길 수 있다는 교훈이다.

체면을 중국어로는 마엔쯔面子라고 한다. 중국의 문호 린위탕은 『내 나라 내 국민』이라는 책에서 다음과 같이 쓰고 있다.

'중국을 통치하는 세 여신이 있는데 바로 체면·운명·은전 恩典이다.'

물론 그 중에서 가장 유력한 여신은 체면의 신이다. 그래서 '남자는 체면을 위해 노력하고, 여자는 체면을 위해 죽는다' 라는 격언까지 생겨났다. 물론 남자가 체면을 위해 죽음과 바꾼 사례는 얼마든지 있다. 천하를 놓고 한나라의 유방과 자웅을 겨루었던 초나라의 항우가 체면 때문에 자살한 것은 그 대표적인 사례일 것이다.

중국인들이 특히 체면을 중시하는 데는 이유가 있다. 그들은 자신의 이름을 남긴다는 것을 일생 삶의 목표를 삼았다.

이름은 명名이며, 그것은 곧 명예 명분과 통한다. 그래서 누구나 명예를 중시하게 되었으며, 이름을 더럽히는 것은 수치로 통한다. 체면 또는 면목이란 얼굴과 같은 뜻이다.

'명'이 정신적인 이름이라면, 얼굴은 육신의 실질적인 이름이다. 그래서 얼굴도 명예와 마찬가지로 매우 중시되었다.

중국에서도 얼굴이 두꺼운 사람을 후안무치厚顔無恥라고 한다.

"후안무치한 놈!"

이라면 욕 중에서 가장 심한 편에 든다. 중국처럼 체면에 관계된 말이 많은 나라는 아마도 없을 것이다. 몇 가지 예를 들어 보겠다.

쭈어 미엔쯔 : 체면을 차린다.
께이 미엔쯔 : 상대방의 체면을 세워 준다.
마이 미엔쯔 : 체면을 보아서 부탁을 들어준다. 체면을 팔았다.
요우 미엔쯔 : 체면이 섰다.

쫑 미엔쯔 : 체면을 세우기 위해 노력한다.
미엔쯔 꽁푸 : 체면을 집대성하다. 곧 체면학.

 화교는 어느 정도의 사업의 경륜이 쌓이면 노점상을 할지라도 각자의 품위를 그 나름대로 갖추게 된다. 손님이 값을 깎아 달라고 하면, 속으로는 내키지 않으면서도 웃으며 응하는 것도 자신의 품위, 즉 체면을 의식하기 때문이다.

 그리고 체면에 관한 한 비록 고용인일지라도 다른 사람 앞에서는 절대로 핀잔을 주지 않는다. 또한 자신의 체면을 중시하고 상부상조하는 정신이 강하기 때문이다.

 "이렇게 되면 친구에게 체면이 서지 않는다."
는 식으로 말을 한다. 한마디로 화교는 자신의 체면이 손상된다는 것은 바로 자신의 파멸을 의미한다고 생각한다.

 종업원이 주인으로부터 자신의 체면이 손상당했다고 생각되면 곧장 독립하여 주인과 같은 장사를 하는 것도 그런 이유 때문이다.

 실제로 LA에서 있었던 일이다. 대규모의 클럽을 몇 개나 소유하고 있는 화교 임씨의 충실한 직원이었던 공씨가 아무런 말도 없이 갑자기 사직했다. 얼마 후 공씨는 그의 가게에서 조금 떨어진 곳에 작은 클럽을 개업했다.

 그러자 임씨는 즉시 공씨가 개업한 두 개의 클럽 바로 옆에 호화판 클럽을 개점하고, 공씨 클럽의 종업원까지 빼돌리기 시작했다.

클럽 업계에서 대부로 불리는 임씨이니 풋내기 공씨가 당해 낼 재간이 없었다. 얼마 후에 공씨는 클럽의 문을 닫고 말았다.

후에 임씨는 이렇게 말했다고 한다.

"공씨는 아직 패기가 있으므로 그렇게 일을 벌인 것에 대해서는 충분히 이해해요. 하지만 내게 한마디의 상의도 없이 독단적으로 그런 행동을 한 것은 내 체면을 깎는 것이지요. 그건 도저히 참을 수 없는 배신입니다. 물론 그는 혼자서 클럽을 운영할 만한 힘도 없었지만……"

61
돈을 쓸 때는 화끈하게 써라

'금의환향'이라는 말이 있다. 빈 몸으로 고향을 떠난 사람이 다른 지역에서 성공하여 큰 부자가 된 것을 일컫는 말이다.

그러면 자신이 태어난 고향으로 돌아가서 갖가지 기부금을 낸다. 이것이야말로 화교의 평생의 소원이다. 그러나 이 기부금은 절대로 허세가 아니다.

그들은 원래 교육에 열심이기 때문에 고향에 대학 같은 교육 시설을 기부한다.

"내가 피땀 흘려 번 돈을 앞으로 자라나는 청소년을 위해 쓰겠다."

이것이 금의환향한 화교의 신념이다.

기부하는 곳은 고향뿐만이 아니다. 자기가 살고 있는 곳, 또 이웃 지역, 그리고 거래 관계가 있는 지역에만 많은 기부금을 선뜻 내놓는다. 그들의 배짱은 그 누구도 도저히 흉내낼 수가 없다.

사례를 하나 들어 보자.

동남 아시아는 물론 일본, 홍콩에서 가장 유명한 약 중의 하나가 '호랑이표 연고만금유'다. 일명 만병통치약으로 불려 동남 아시아에서는 그 약을 모르는 사람이 없다.

그 약을 팔기 시작한 사람은 제약왕 호문호이다. 그는 미얀마의 랭군에서 1883년에 태어난 화교 2세로, 아버지로부터 약제법을 전수받아 1908년에 영안당 약국을 세웠다.

그는 한방약의 처방으로 예부터 미얀마에서 전해 오는 약제법을 활용하여 만금유, 팔계단 등의 한약을 조제해 팔았다. 만금유는 만병통치약으로 동남 아시아는 물론 중국 대륙에서도 불티 나게 팔려 나갔다.

"아무리 세계적인 불황이 닥칠지라도 제약법만은 불황이 없다."

이것이 호문호의 굳은 신념이었다. 모든 판단력이 뛰어나고 기회 포착이 재빨라 손쉽게 거부가 되었지만, 돈벌이에만 혈안이 되어 있는 것은 아니었다. 어느 땐가는 가까운 사람으로부터 고무 사업에 참여해 보라는 권유를 끈질기게 받았으나,

"고무 사업을 개인이 독점해서는 안 된다."

라고 말하며 거절했다고 한다.

또한 싱가포르의 성주일보, 홍콩의 성도만보, 영자지 사우스 사이드 모닝 포스트지 같은 신문사도 세웠다. 그러나 그는

영업 이익의 4분의 1이상을 자선이나 공익사업에 선뜻 기부하였다.

그는 사회사업과 교육사업, 화교 사회로의 이익 환원 등에 큰 보람을 느끼며 살았다. 그래서 영국과 네덜란드 정부로부터 훈장을 받기까지 했다.

호문호의 딸 호선胡仙이 지금 아버지의 사업을 이어받고 있다. 그녀는 사업체 이외에도 여러 대학의 이사장이나 이사를 역임하고 있다.

그녀는 아버지로부터 '이익의 5분의 1은 사회에 환원하라'는 교훈을 받아 충실히 이행하고 있다.

해마다 연말이 되면 호씨 집안에서 치르는 유명한 행사가 있다. 연말이 되면 아침부터 대문 앞에 서민들의 행렬이 줄을 잇는다. 이윽고 시간이 되면 집의 문이 활짝 열리고 비서가 돈 다발을 들고 나타난다.

그리고 한 사람 한 사람에게 지폐 한 장씩을 나누어 준다. 화교가 돈을 나누어 주는 행위에는 그 나름대로의 자기의 주장이 있다. 그들은 이렇게 자선행위를 하고 있다는 이미지를 무척 중요하게 생각한다.

그래서 일부러 한 사람씩 돈을 주는 것이다. 그것도 물건이 아니라 빳빳한 현금으로만 준다. 어떤 곳에 기부를 할 때에도 TV나 신문사 같은 매스컴에 연락해서 크게 취급하게 만든다.

사장이나 국회의원 같은 주요 인물들과 함께 엄숙하게 증정식을 거행한다. 기부는 공공연하게 해야 한다. 돈을 관리에게 주면 모두 그들 주머니에 들어가 버리기 때문에 일반 서민들에게는 그림의 떡이 되어 버린다.

이런 이유로 화교는 기부금을 낼 때는 직접, 그리고 공개적으로 건네준다. 이것이 바로 화교의 방식이다.

그것은 화교로서 성공한 사람이라면 그 과정이 100% 깨끗하다고 장담할 수가 없기 때문이기도 하다. 일종의 속죄의 의미로 사람들에게 자선을 베푸는 의미도 있다.

어쨌든 돈을 번다면 그 다음에는 자선사업을 하는 것이 화교의 불문율이다. 이것은 다른 나라에서 안전하게 살기 위한 지혜이기도 하다.

그리고 거액의 기부 행위는 나름대로 대가가 반드시 돌아온다. 사업을 하는 데 이미지가 크게 좋아지는 것은 돈으로 따질 수 없는 그에 따른 대가인 것이다.

62
항상 절약하라

무엇이든지 절약하려는 화교들의 근검 정신은 일본의 오사카 상인들조차 혀를 내두를 정도이다.

한 예로 선물을 해야 할 경우, 상대방이 술을 좋아하는 사람이라면 먼저 집 안에서 적당한 것을 찾아본다. 전에 받은 선물 중에 위스키가 있으면 그것을 들고 상점에 가서 똑같은 위스키를 또 한 병 산다.

그리고 두 병을 상자에 넣어 선물을 포장해 달라고 부탁하는 것이다.

그들은 선물을 준비하는 데도 절약의 지혜를 최대한 발휘한다. 그보다 더 적극적인 화교는 아예 상점에서 아무것도 사지 않고 집에 있던 술병을 들고 가서 태연스럽게 말한다.

"미안하지만 선물 상자와 포장지 좀 주시겠어요?"

단골손님의 부탁이라서 주인으로서는 마음이 내키지 않더라도 요구하는 대로 들어주는 수밖에 없다. 이때 한술 더 떠 붓까지 빌려 달라고 하거나 악필이니까 대신 좀 써 달라고 부탁하는 화교도 있다.

이것은 하나의 작은 사례에 불과하다. 화교들은 어떤 일이나 이렇게 절약 정신이 배어 있다.

이때 너무 당당하므로 상대방도 별로 큰 불쾌감을 갖지 않는다고 한다. 오히려 그 절약 정신에 감탄해 자기도 실천에 옮기려고 노력하기까지 한다.

화교로서는 자기가 가지고 있는 것을 최대한 효과적으로 활용하고 있는 셈이므로 화를 낼 수도 없다.

그러나 하찮은 일이라도 남에게 신세를 지는 것은 실례라고 생각하는 한국인이라면 과연 단골상점이라도 이렇게 부탁할 수 있을까? 자신의 체면이나 위신을 염두에 둔다면 도저히 불가능한 일이라고 말할 것이다.

중국인들은 체면이라면 세상에서 둘째가라면 서러워할 민족이다. 하지만 화교들은 그러한 것은 체면과는 별개의 일이라고 생각한다.

나에게 손해가 되지 않는 한 필요 이상의 신경은 쓰지 않는다는 것이 그들의 생각이다. 설사 그곳의 주부들이 화교들의 그러한 생활 태도가 신기하다는 투로 수군거린다 해도 화교의 주부들은 도리어 이렇게 반문할 것이다.

"그것이 그토록 신기한 일인가요? 우리에겐 매우 당연한 일인데……."

무일푼으로 남의 나라에 와서 대가족을 거느리면서 생활해 나가려면 그 정도의 생활력과 절약이 없이는 살아갈 수 없다는 것이 그들의 철학인 것이다.

남의 눈을 의식해 '돈을 화끈하게 쓰는 사람'이라고 뽐내면서 어설프게 부자 행세를 하고는, 집에 돌아오면 가난에 쪼들려서 마누라가 바가지를 긁어 대는 경우와 과연 누가 옳은가?

화교들을 인색한 집단이라고 생각할지도 모른다. 하지만 그것은 그들이 장래를 위한 자본 축적을 가장 중요하게 생각하기 때문에 타인에게는 인색하게 보일 뿐이다.

그러므로 화교 주부들은 남들로부터 인색하다고 오해를 받더라도 전혀 신경 쓰지 않을 것이다. 생활은 최대한 검소하게 절약하고, 쓸데없는 노력과 낭비를 줄이는 것이 화교들의 생활신조이다.

그들은 이러한 절약이야말로 부자가 되는 가장 빠른 지름길이라고 그들은 생각한다.

"저 사람은 너무 인색해."

화교는 누군가가 뒤에서 자기에 대해 수군거리면, 자신이 부자가 되는 대열에 끼었다고 생각하며 도리어 기뻐하는 것이다.

63
화교는 아무도 믿지 않는다

'혼자 묘에 절대로 들어가지 말 것이며, 둘이서 우물을 들여다보지 말라.' 묘廟는 조상들에게 제사를 올리는 사당이다. 묘 안에는 사람이 없는 경우가 대부분이다.

이처럼 아무도 없는 묘에 혼자 들어가면 안 된다. 곁에 있던 사람이 갑자기 우물 안으로 떼밀어 넣을지도 모르기 때문이다.

아무리 친해도 절대 믿지 말라는 중국의 속담이다. 화교들은 특히 이 속담을 마음속에 항상 담아 둔다.

이처럼 화교의 인간관은 몹시 냉정하다. 인간은 매우 위험한 존재이기 때문에 언제 어디서든지 타인이 나를 해칠 기회를 허용해서는 안 된다는 것이다.

멀리서 타향살이를 하고 있는 화교에게 그 지역의 경찰은 아무런 도움도 되지 않는다. 사실 어떤 나라에서 화교가 박해를 받는다고 해도 중국 정부는 직접 구조해 주거나, 상대의 정부에게 거세게 항의하는 일이 없다.

화교는 정부를 믿지 않는다. 그렇게 정부까지 믿지 않는 화교들이니 어지간한 일로 사기를 당할 리가 없다.

의심하는 것을 중국에서는 호의狐疑라고 말한다. '호'는 여우를 말한다. 여우라면 우리나라에서는 간사함의 대표적 동물이다.

그런데 중국인들은 곧장 여우를 의심의 대명사로 사용한다. 그들의 견해에 의하면 여우라는 놈은 너무 의심이 많아서 얼어붙은 강을 건널 때도 좀처럼 발을 떼지 못한다고 한다.

그래서 호붕구우狐朋狗友라는 고사성어까지 생겨났는데 이 말은 '의심만 하고 신용은 도무지 없는 못된 패거리'라는 뜻으로 사용된다. 재미있는 것은 중국인들은 간사한 동물로서 토끼를 꼽는데, 그래서 교토삼혈狡兎三穴이라는 말이 있다. 토끼는 워낙 교활하여 굴도 세 개 정도 파놓아야 안심한다는 뜻이다. 토끼는 도망칠 준비를 해 두는 것이다.

중국인들은 왜 의심이 많을까? 그럴 만한 배경이 있었기 때문일 것이다.

옛날 중국의 춘추전국 시대에 수많은 제후들이 영토 확장을 위해 치열하게 싸웠다. 그러니 전쟁이 끊일 날이 없었다. 그들은 수단과 방법을 가리지 않았다. 사기와 기만이 곳곳에서 다반사로 일어났다. 그래서 마음놓고 믿을 수 있는 자가 별로 없었다. 그러니 자연히 의심과 불신이 팽배해질 수밖에 없었다.

진 시황이 천하를 통일한 뒤로 물론 제후들의 다툼은 사라졌다. 그러나 그 천하는 어떻게 손에 넣을 수 있었던가?

바로 전쟁이었다. 그리고 어렵게 천하를 손에 넣다 보니 이제는 천 년, 만 년 지키고 싶은 게 사람의 욕심이다. 그러자니 믿을 사람이 있어야겠는데 그게 어디 쉬운 일인가. 그는 자식부터 믿지 못하는데 말이다.

그래서 의심부터 할 수밖에 없었다.

신하는 신하들대로 의심이 많았다. 그들은 황제의 총애를 다투다 보니 자연히 상대방을 헐뜯거나 아첨을 일삼았다. 물론 황제의 총명이 빛을 발할 때는 그런 일이 심하지 않았지만 그런 황제는 드물었다. 황제는 대개는 어리석어 신하의 농간에 놀아났던 황제가 많았다. 그러니 서로 믿을 수 없고 상대를 잔뜩 의심만 하게 된 것이다.

백성 또한 사정이 이와 비슷했다. 열심히 농사를 지어 놓으면 탐관오리의 수탈이 뒤따랐으며, 그 일이 아니면 전쟁으로 하루 아침에 재산이 잿더미가 되고 말았다.

어쩌다 선정이 베풀어져 살만 하다 싶으면 가뭄과 홍수가 반드시 찾아와 한 순간에 알거지로 만들었다. 그러니 모든 것을 의심할 수밖에 없었다.

화교들은 이러한 고사를 떠올려 자신을 지킬 사람은 오직 자기 자신뿐이라는 굳은 신조를 가지고 있다. 그래서 화교 상인은 처음 만나는 사람은 일단 의심하는 게 보통이다.

64
단 한 번의 상거래도 소홀히 하지 말라

<u>화교</u>들의 특성 중의 하나는 끈질기고 집요하다는 것이다. 그러한 기질은 서비스 차원에서도 잘 나타난다.

어떤 사람의 청탁을 받고 일을 중개할 때는 사전에 연락과 함께 정중하게 서신을 보낸다. 그리고 가령 회답이 오지 않더라도 몇 년이고 크리스마스 카드나 연하장을 보낸다.

예를 들어 동남 아시아로 여행을 떠났다고 하자.

만약 화교가 경영하는 호텔이나 음식점, 기념품점을 이용하게 되면 귀국하고 나서 몹시 귀찮아질 정도로 그림엽서를 보내온다. 자주 가는 단골손님이 아니고 어쩌다 한 번 이용한 손님이라도 주소를 알아서 편지 공세를 펼친다.

물론 상대가 사업상 거래업자나 기업이라면 무척 신중해진다. 그리고 한 번 연고를 맺은 거래처는 그들은 무슨 일이 있더라도 놓치지 않는다.

그리고 상대와 꾸준한 관계를 유지하기 위해 노력을 게을리하지 않는다. 더구나 웬만해서는 가격을 조정하지 않는다. 처음 약속한 조건도 절대 변동하지 않는다.

한국인 같으면,

'몇 번씩이나 함께 술을 마셨으니까 마음도 서로 통하고, 상대방에게도 어느 정도 이익이 돌아갔으므로 이젠 신경을 좀 덜 써도 되겠지.'

하고 마음이 느슨해지기 쉽다. 그러나 화교는 처음과 변함없이 대하기 때문에 한국 상인은 특히 거래처를 빼앗기지나 않을까 하고 염려하기도 한다.

그리고 가령 상거래를 하면서,

"일이 잘 되면 이렇게 사례하겠습니다."

라고 어떤 조건을 내세우더라도 화교들은 쉽게 흔들리지 않는다.

또한 상거래가 무사히 끝났더라도,

"이 사람과는 두 번 다시 인연이 없겠지."

하고 생각하며 눈앞의 이익만을 보고 관계를 등한시했다가는 뜻하지 않는 큰 낭패를 당할 수가 있다.

화교의 세계에서는 사이가 좋든 나쁘든 간에 거래에는 변함이 없다. 소문은 고요한 연못에 돌을 던진 것처럼 자연스런 파문을 일으키면서 퍼져나가기 마련이다.

게다가 화교의 세계에만 그치는 것이 아니라 여러 가지 형태로 다른 나라로 흘러들어가게 된다. 그러니 자신이 주의를 소홀히 한 탓에 미처 생각지도 않은 장애물이 생겨 다음의 새로운 사업에 큰 지장을 초래할 수도 있다.

그래서 화교 상인은 상거래에 조그마한 흠집도 남지 않도록 엄격하게 자신을 관리한다.

65
자식에게도 이자를 받는다

중국에는 예로부터 장사하는 집에서 즐겨 쓰는 격언에 '친형제명산장親兄弟明算帳'이란 말이 있다. 산장이란 장부상의 금액을 일컫는 말로 즉, 아무리 형제 사이일지라도 돈의 거래는 명확해야 한다는 뜻이다.

'장사는 전쟁이다'라는 것이 화교 상인의 철학이므로 만약 1전이라도 착오가 생긴다면 앞으로의 사기에 큰 영향을 미친다. 한판 싸움에서 지고 나면 앞으로 무슨 사업을 하든지 의욕이 없어 패배하는 습관이 자신도 모르는 사이에 배게 될지도 모른다.

이것은 장사하는 것을 신성시하고 있으며, 예외란 결코 있을 수 없다는 뜻이다.

'매매윤분賣買倫分'이라는 말도 화교 상인이 즐겨 쓰는 말이다. 이 말은 단 한푼이라도 철저히 계산하라는 뜻이다.

화교들은 누구나 그것이 매매에 대한 상식이라고, 당연한 것을 무엇 때문에 묻느냐는 투로 말한다. 그러나 인색하다든가,

너무하다는 말은 하지 않는다.

여기에 화교 상인의 합리적인 정신이 배어 있음을 알 수 있다. 사실 사람으로서 어떤 어려움에 부딪쳤을 때 정에 이끌리지 않고 이해관계를 상대가 마음이 상하지 않게 능숙하게 풀어 가기란 매우 어려운 일이다.

하물며 가족이나 친척, 친한 사람과의 금전관계는 일단 꼬이게 되면 시간만 끌게 되면서 마침내 감정 문제로까지 확산되기 쉬운 법이다.

그것을 처음부터 분명하게 해 두지 않으면 안 된다. 이때 적당주의나 감성적으로 일을 해결하려 든다면 오히려 손해를 입는 경우가 더 많다.

아우, 자식들이나 조카 등 손아래 사람들에게는 한계를 명확히 정해 두는 편이 그들의 장래에도 큰 도움이 된다고 믿는 것이 화교들의 생각이다.

특히 아이들에게는 어릴 때부터 돈의 고마움과 사용상의 어려움에 대해 실제로 철저하게 교육시킨다. 그래서 어린 형제 간에도 돈의 거래에 있어서 이자의 주고받음을 당연하게 여긴다.

부모는 아이들에게 필요 이상의 용돈을 주지 않으며, 굳이 꼭 쓸 돈이 필요하다면 빌려 주는 형식을 취해 이자를 받는다.

'돈을 빌리면 이자를 지불하라'는 것이 아이들의 세계에까지 철칙이다.

아이들이 부모의 상점 한 귀퉁이를 빌려 장사를 하려고 해도 임대료를 지불해야 하는 것은 두 말할 나위가 없다. 부모가 지식으로부터 이처럼 돈을 받는 것은 물론 장사의 도리를 가르치기 위해서다.

그리고 아이에게 돈을 주면서 근처의 상점에 심부름을 보냈을 때 정가 그대로 물건을 사 오면 심부름 값은 없다. 담배나 맥주처럼 정찰표가 붙어 있는 상품은 예외이지만, 채소나 생선 같은 물건은 약간이라도 결점이 있는 것을 골라내어 재주껏 흥정을 한다.

물론 깎는 금액만큼은 아이에게 준다. 부모는 처음부터 심부름 값을 정해 두지 않고 그의 수완에 따라 대가를 준다는 것이 화교 어버이들의 가르침인 것이다.

66
화교는 죽은 뒤에야 쉰다

고사성어 '안수분기安守己'라는 것이 있는데 이 말은 중국인들이 즐겨 사용하는 말이다. 우리말로 하면 '송충이는 솔잎을 먹어야 한다'로 해석할 수 있겠다.

그 때문인지 중국인들은 주어진 직분에 그 누구나 매우 충실하다. 일단 어떤 직책에 있든 그들은 최선을 다한다. 물론 여기에는 그들 특유의 근면성이 뒷받침되고 있다.

다음은 중국인의 근면성을 나타내는 유명한 실화다.

1865년, 미국에서는 서부 개척의 열풍이 불어 서부영화에서 흔히 볼 수 있는 포장마차의 대 행렬이 서부로 꼬리를 잇는 시대였다. 이때 대륙을 횡단하는 철도를 부설한다는 야심찬 계획이 나왔다.

이것은 우리처럼 정부가 주관하는 것이 아니라 두 개의 민간 회사가 떠맡았다.

양쪽에서 공사를 시작하는데 부설한 만큼 영업권을 인정하므로 그만큼 경쟁이 치열했다. 한 회사는 체격이 좋은 아일랜드계의 이민자들을 고용해서 중서부에서 철도를 부설해 나갔다.

그러나 상대방의 회사는 지형이 몹시 험했기 때문에 지원하는 노동자가 극소수였다. 그래서 할 수 없이 중국의 노동자들을 고용할 수밖에 없었다.

이들의 반은 노예 신분으로 팔려 온 광둥성 출신으로 처음에는 50명이 투입되었다. 체격으로 비교하면 그들은 누가 보아도 아일랜드계 이민자들에게는 미치지 못했다.

그러나 결과는 의외였다.

사람들은 중국인들의 근면성을 간과했던 것이다. 중국 노동자들은 모두 열심히 일했으므로 그 숫자는 1만 4천 명으로 급속히 늘어났다.

이윽고 접속 지점이 가까워지자 놀라운 기록이 나타났다. 중국의 노동자들은 하루에 무려 16마일이나 철도를 부설했던 것이다.

화교는 자신들의 여러 약점들을 보안하기 위해 열심히 일만 한다고 한다. 그들은 남들과 똑같이 하다가는 뒤처질 수밖에 없다는 것을 잘 알고 있기 때문이다.

그래서 밤 늦게까지 열심히 일하고 휴일도 잊는 등 일만 한다. 한 집안의 가장이 앞장서서 일하면 가족 전체가 묵묵히 그를 따르게 되는 것은 당연한 일이다. 우리처럼 진학을 앞둔 아이들을 왕자님이나 공주님처럼 떠받드는 일도 없다. 아이들도 역시 함께 열심히 일해야 한다.

어느 분야를 막론하고 성공한 화교들은 과거에 서너 시간 정도 잠자며 열심히 일했던 젊은 시절이 있었다고 자랑스럽게 회고한다. 또한 아무리 경제적으로 안정을 찾았다 하더라도 그들은 변함없이 열심히 일한다.

물론 어느 정도 지위나 사회적으로 대접을 받으면 즐기며 놀자는 화교들도 있지만 골프를 치거나 마작을 하는 중에는 새로운 사업에 대한 아이디어나 인과관계를 맺기 위한 계획이 그들의 머리 속에 가득할 뿐이다.

그들은 사업상 사람을 만날 때에도 습관처럼 시계를 들여다본다.

"30분 후에는 ○○회사에 가야겠는데……."

이렇게 말하며 진지하게 일에 임한다.

'조기삼조일공早期三朝一工'이라는 화교의 속담이 있다. '3일 동안 계속 일찍 일어나서 일하면 하루분의 일을 이득을 본다'라는 뜻이다.

그러니 화교의 집에 전화할 때는 미리 예약하지 않으면 낭패당하기 십상이다. 왜냐하면 그들은 벌일 사업이 매우 다양하기 때문에 사무실이 여기저기 흩어져 있고, 그 중 한 군데 정도는 남에게 알려지지 않은 전화가 있기 마련이기 때문이다.

그러니 그의 측근 이외에는 아무도 연락이 되지 않는다. 하여튼 화교가 느슨하게 쉰다는 것은 결코 있을 수 없는 일이다.

67

부귀와 가난을 이웃과 함께 나누면 성공한다

사업가로 성공한 화교 치고 온갖 방법을 구사하여 기업의 내부를 한마음 한뜻으로 만들어, '하나가 영광스러우면 모두가 영광이고, 하나가 다치면 모두가 다친다.'는 분위기를 조성하지 않으려는 사람은 없다.

이러한 기본을 갖추지 않고서 기업의 발전과 번영을 이야기한다는 것은 상상할 수가 없다.

인도네시아의 한 섬에서 프랑스인이 다국적 서비스 회사를 차려 몇 년 경영하다가 빈털터리가 되어 마침내 섬을 떠나고 말았다. 그 후 그곳의 식당·호텔·잡화점에서 일하는 화교들이 뜻을 합쳐 합작회사를 차렸다.

합작회사의 사장은 식당에서 요리를 나르는 종업원이었다. 모두들 자기 일처럼 열심히 일한 덕분에 기업이 차츰 번창하여 많은 이익을 남겼다.

이익금은 동업자 전원이 공평하게 똑같이 나눠 가졌다. 이

합작회사에서 낸 세금은 같은 업종의 다른 회사의 것보다 5배나 되었다. 동업자들은 임금 이외에 연말이면 자기에게 돌아오는 거액의 배당금을 받을 수 있었다. 그 회사는 지금 인도네시아 곳곳에 지점을 둘 만큼 크게 확장되었다.

이와 반대되는 길을 걷는 사람도 있다.

개혁의 높은 파도를 헤치고 우뚝 솟은 중국의 기업자가 있었다. 그는 1984년에 이룩한 높은 성과로 수많은 사람들의 우상이 되었다. 하지만 1987년 말, 이 기업가가 이끄는 회사는 거액의 부채를 안고 파산해 버렸다.

그가 실패한 여러 가지 원인들 가운데서 가장 중요한 것은 다름 아닌 세상의 인심을 잃었다는 사실이었다. 회사의 임원들과 종업원, 그리고 고객들까지 그로부터 고개를 돌렸으니 망하지 않으면 도리어 이상할 지경이었다.

1985년, 그는 자기 사무실을 공들여 수리하여 호화스런 밀실을 만들었다. 그곳은 일류 호텔의 룸처럼 초호화판이었다.

간부들조차 그를 만나려면 사전에 엄격한 몸수색을 받았고, 또 이중삼중의 관문을 거쳐야 했다. 그는 결코 간부회의에도 참석하지 않았다. 또한 공장 내부의 상황에 대해서는 부사장의 서면보고를 대신 받았다.

그가 외출할 때면 외제 승용차, 일등석, 일류 호텔, 일류 요리 따위가 필수적으로 뒤따랐다. 그는 청중들 앞에서 강연할 때면 당간부처럼 손을 번쩍 들고, 말솜씨 역시 청산유수였다.

하지만 연설의 내용은 자화자찬이 대부분이었다. 이런 행동거지는 차츰 그 자신을 회사 사람은 물론이고 거래처까지도 격리시키고 말았다.

당연히 덕을 잃은 자로부터 인심은 반드시 떠나는 법이다. 이런 상황에서는 제아무리 탄탄한 기업이라도 망하는 것은 뻔한 사실이었다.

'민심을 얻는 자는 천하를 얻고, 민심을 잃은 자는 천하를 잃는다.'

이 말은 정치가나 기업가나 다 같이 명심해야 할 금과옥조이다.

중국인의 돈 버는 상술

- 초판 1쇄   2010년 1월 10일 발행
- 초판 2쇄   2011년 3월 25일 발행

- 편   저   김정운
- 펴 낸 이   박경준
- 디 자 인   김영숙
- 기   획   GNB기획
- 펴 낸 곳   글로북스

- 출판등록   2001년 7월 2일 제15-522호
- 주   소   서울특별시 마포구 서교동 444-15
- 전   화   02-332-4327
- 팩   스   02-3141-4347

※ 파본이나 잘못된 책은 교환해 드립니다.